AMAZON
y sus
Algoritmos

Los secretos para aumentar la visibilidad de TÚ Libro

Cesar Leo Marcus

Windmills Editions
California - USA

AMAZON y sus Algoritmos
Los secretos para aumentar la visibilidad de TÚ Libro

Autor: César Leo Marcus

Writing: 20017

Copyright 2017: Cesar Leo Marcus

Diseño de Portada: WIE

Windmills International Editions, Inc.

www.windmillseditions.com

windmills@windmillseditions.com

ISBN 978-1-365-96269-1

César Leo Marcus

Cesar Leo Marcus nació en Buenos Aires, Argentina y realizó estudios sobre periodismo, logística e informática en Sudamérica y Europa.

Es profesor invitado en varias universidades del mundo y ha publicado más de dos centenar de trabajos en periódicos y revistas de Latinoamérica y EE.UU.

Obtuvo varios premios internacionales, entre ellos El Sol Azteca, fue galardonado por sus trabajos periodísticos y literarios por el Congreso Nacional de los Estados Unidos y por Senadores y Asambleístas Republicanos y Demócratas de California.

Varios de sus libros fueron traducidos al idioma inglés.

Es Miembro de International Coach Federation (ICF) y de National Association of Hispanic Journalists (NAHJ)

Autor de doce libros, entre ellos:

-El Armero (Descubriendo Tus Armas Interiores).

-El Diario de Bateau (Una Visión Diferente)

-Jesús un Líder Exitoso (Como Ser un Líder)

-Kabbalah Judeo-Cristiana (El Plan Divino)

-Usted puede y debe escribir un libro.

-Tu Talento es Dinero (Como vivir de lo que te gusta)

Algoritmos... ¿Nuevos Paradigmas?

El fundador y CEO de Amazon, Jeffrey P. Bezos, dice que "Amazon es la mayor empresa de la tierra, cuyo centro de trabajo es, exclusivamente, el cliente", incluso pone una silla vacía en las reuniones para recordar la necesidad de centrarse en el cliente.

En realidad, la idea de Bezos, va en línea directa con el cambio de paradigma del siglo XXI, en el siglo pasado lo importante era conocer el producto para saber **"cómo venderlo"**, en el siglo XXI lo importante es conocer al cliente para saber **"qué producto venderle"**.

El marketing del siglo pasado se basaba en crear una necesidad y luego ofrecer el producto, que proveía la solución a esa necesidad, en cambio el marketing del siglo XXI, es analizar las necesidades existentes y reales de los clientes, para ofrecer el producto adecuado para cada uno de ellos. En otras palabras, en el siglo pasado primero era el producto, por eso la publicidad era masiva y los anuncios eran multidireccionales a grandes multitudes, en el siglo XXI la publicidad es individual, los anuncios son sectorizados por grupo social, edad, gusto, sexo, raza, religión, país, ingresos económicos, etc.

Por esa razón, quienes desean triunfar en el "eCommerce", deben responderse dos preguntas claves...

¿Cuáles son la necesidad de cada persona en el mundo?

¿Dónde están los clientes que necesitan sus productos?

Existe una palabra "mágica" para responder estas y otras cuestiones... **"Algoritmo"**

ÍNDICE

Bonus Track

Requisitos para grabar y vender un Audio Book

AMAZON
y sus
Algoritmos

Los secretos para aumentar la visibilidad de TÚ Libro

Cesar Leo Marcus

I-¿Qué es un Algoritmo?

"Un algoritmo es un conjunto de reglas que establecen, con precisión y anticipación, una secuencia de operaciones en un espacio tiempo definido".... ¡he! ¡he! ¡he!.. ¿qué dijo?... Ok, vamos de nuevo...

"Un algoritmo es un conjunto de instrucciones que describen cómo realizar una tarea"... esto significa que, incluso, una receta de cocina, puede ser entendida como un algoritmo.

En el contexto de la informática, las cosas son un poco más complicadas, entonces un algoritmo en el área tecnológica, es "una secuencia de instrucciones que le indican a un ordenador qué hacer"

A pesar que muchos creen que los algoritmos son invenciones "diabólicas" del siglo XXI, debemos viajar a la antigua Grecia, 300 años antes de Cristo, cuando el matemático Euclides, describió por primera vez la idea (sin utilizar la palabra algoritmo), para determinar el máximo común divisor de dos números enteros, realmente la palabra "Algoritmo" se utilizó por primera vez en 1240, en un poema en latín "El Arte de Algoritmos", en un manual de Alexandre de Villedieu, titulado "Introducción a los Números Indo-Arábigos", ya que en ese momento comenzaba la sustitución de los números romanos por los que ahora conocemos como arábicos.

En realidad, es que la mayoría de los mortales no tiene un buen conocimiento de cómo funcionan los algoritmo, que básicamente conforman seis operaciones lógicas: Y, O, MAYOR, MENOR, SI y NO. Si bien estas operaciones pueden encadenarse juntas en formas complejas, nacen a partir de asociaciones racionales y sencillas.

En términos tecnológicos, en el siglo XXI, cuando hablamos de algoritmos, el tema es más específico, porque la mayoría son ejemplos del aprendizaje automático, es decir, que en lugar de procesar repetidamente un conjunto estable de instrucciones, los sistemas reescriben, ellos mismos sus instrucciones a medida que aprenden, esto es lo que asusta a algunas personas, ya que hace que los algoritmos analicen sus experiencias y las incorporen a sus instrucciones, como haría un ser humano inteligente.

¿Qué pueden hacer los algoritmos?

En estos días cumplen múltiples propósitos, desde contabilizar los visitantes a tu sitio web, hasta la automatización de la bolsa de comercio, desde encender o apagar la luz de una habitación hasta la visión artificial, en el que identifican los rasgos faciales de una persona en una pantalla. De hecho, el más utilizado es el asistente digital Siri o Cortana, que es una aplicación de voz inteligente, que conversa y es capaz de responder consultas o pregunta, ya que sus operaciones algorítmicas buscan las respuestas adecuadas a cada persona.

Por supuesto, que a fines del siglo pasado, una de las aplicaciones comerciales más antiguas de los algoritmos era la automatización de tareas, tales como la gestión de planillas de cálculo, pero con el aumento de aprendizaje automático, se han adaptado a tareas mucho más sofisticadas. Por ejemplo, algunos algoritmos determinan quienes deben o no recibir los beneficios de salud del gobierno, también contribuyen a la vigilancia de predicción, ayudan a anticipar las crisis de salud, reprograman vuelos de líneas aéreas y mucho más. No dudo que gracias a los algoritmos, tuviste la experiencia de conectarte con familiares y amigos, que no veías hace tiempo, a través de listas de Facebook y otras redes sociales.

Para llevar a cabo estos interesantes software, los algoritmos crean archivos complejos de cada usuario, que al sumar los clientes de Google, Facebook, Amazon, el asiático Alibaba y otras redes, resultan más del 70% de los habitante de la tierra, el tema es que los algoritmos saben mucho sobre nosotros, incluso más que nosotros mismos, esto es una consecuencia del tamaño de las empresas mencionadas, como de la complejidad de los programas algorítmicos utilizados.

¿"Decibilidad" contra libre albedrio?

En el siglo XXI, el concepto de algoritmo se utiliza para definir la noción de "decidibilidad", es decir, un algoritmo es el mecanismo con el cual el sistema informático "anticipa" en forma lógica, las posibles decisiones, respecto a gustos y necesidades de cada cliente.

Un algoritmo es capaz de establecer, antes que la misma persona, cuáles serán sus necesidades y deseos, de esta forma puede ofrecer con anticipación los productos requeridos para cada individuo en particular, de acuerdo a sus gustos y exigencias.

Esto que parece ciencia-ficción o futurología, es parte del quehacer cotidianos en estos momentos, ya que todo esto nace a partir de las redes sociales, lugar que confluyen el 75% de los habitantes de este planeta, donde todos y cada uno, describen sus deseos y sus sueños, pero también "informan" sus realidades, como su nivel económico, su nivel educativo, su entorno familiar, su gusto alimenticio, su gusto sexual, su lugar de nacimiento, su lugar de residencia, sus lugares de vacaciones, su cultura, su religión, su entretenimiento, mas todos los etcéteras que deseen agregar.

Por supuesto todos estos datos sirven de "alimento" a los algoritmos, para crear una "ficha técnica" de cada uno de nosotros, decidiendo qué noticas nos interesan, qué películas nos gustaría ver, quienes son nuestros amigos, cuáles son nuestros gustos literarios o lugares de comida, pero lo importante es que los algoritmos no deciden por nosotros, ni influyen en nuestras decisiones, solo las anticipan..

Como en todos los casos, existen defensores y detractores de esta red de información algorítmica...

Los defensores dicen que, ante la creciente y casi infinita cantidad de información que circula en las redes, los algoritmos son útiles para limitar esa información a nuestros gustos e ideas, haciéndonos llegar las adecuadas a cada uno, tanto a nivel cultural y social.

Los detractores dicen que, justamente al limitar la información a nuestros gustos e ideas, nos aíslan del resto, retroalimentando nuestro cerebro con "más de lo mismo", sin permitirnos comparar, creyendo que la única verdad es la nuestra.

Una de las fervientes detractoras de los algoritmos es Cathy O'Neil, quien en su nuevo libro, "Weapons of Math Destructions" algo así como "Las Matemáticas como Armas de Destrucción", describe lo que ve como el surgimiento de un mundo opaco, penetrante e injusto, impulsado por los algoritmos.

En realidad todos tienen razón, pero olvidan que los creadores de los algoritmos, solo desean conocer nuestros gustos y necesidades, para ofrecernos los productos adecuados. Culpar a los algoritmos, de nuestra quietud o comodidad, es insólito, queda en nosotros romper ese límite de confort que nos dan los algoritmos, para buscar en las redes lo que realmente deseamos, investigar qué ideas o gustos confrontan a los nuestros, es prerrogativa exclusiva de cada uno.

Para tomar un ejemplo, Google fue mejorando año tras año sus algoritmos en beneficio de sus clientes:

Google "Caffeine" o "Cafeína"

En 2009, Google lanzó "Cafeína", un algoritmo de búsqueda destinado a examinar la estructura arquitectónica de los sitios web en su índice y los de los que aún no se han rastreado, esto permitió a Google actualizar su índice de búsqueda de una forma mucho más dinámica y organizada de la catalogación de los millones de enlaces que se encuentran en su base de datos.

Google Panda

En 2011, Google puso en marcha "Panda", que aún se mantiene activo, que fue creado para apuntalar a sitios que publican contenido repetido o plagiado y sancionarlos, desempeñando un papel central en el análisis y evaluación de sitios web. Google ha lanzado 27 actualizaciones de Panda.

Google "Penguin" o "Pingüino"

En 2012, el gigante de las búsquedas lanzó Google "Penguin" para regular los sitios web que fueran considerados spam, dirigido a sitios que manifiestan relleno de palabras clave, así como aquellos que practican SEO negro, enlaces manipulados para que pudieran generar tráfico, tales como la compra de enlaces en el pretexto de atraer tráfico natural, incuso recompensando a los sitios que utilizan SEO de blanco y que son de alta calidad en un sentido genérico.

Google "Hummingbird" o "Colibrí"

En septiembre del 2013, al cumplir su 15 aniversario, Google lanza "Colibrí", que incorporar las características especiales del ave, la velocidad y la precisión. El Colibrí trabaja en todas las búsquedas y opera con una forma nueva de entrega de resultados, por ejemplo, mediante el uso de Google Voice.

Por supuesto podemos hablar de los algoritmos de Facebook, Twitter, Instagram, LinkedIn y otras redes sociales, pero nuestro objetivo es el área libros de Amazon, tal vez más adelante, escribiré otros libros al respecto...

II- ¿Los Algoritmos son el éxito de Amazon?

Amazon tomo su nombre del Rio Amazonas en Sudamérica, que, sin duda hace referencia a su inmenso tamaño, ya que este conocido rio, además de ser el más ancho del mundo, también es diez veces más grande que su inmediato "competidor". Con esta definición está claro cuáles son los objetivos de Amazon, ser el primer "mega-mercado" del mundo, a una enorme distancia del segundo.

Fue Jeffrey Bezos quien lo fundó en 1994, a partir del análisis del proceso logístico de compra de un libro, por supuesto, debió probar diferentes conjuntos de tareas, ensayando diversos escenarios, hasta optimizarlos, recién allí, al ver que el sistema funcionaba, en 1998, comenzó a vender música, realizando similares análisis logísticos.

Fue Amazon, la primera empresa en línea, en analizar cada paso del proceso y acompañar a sus clientes a recorrerlos.

En Amazon comprendieron que los clientes llegan con dos estados de ánimo disímiles: **"curiosidad"** y **"búsqueda"**.

Para los clientes curiosos, Amazon organizó una librería en línea similar a la librería física, con mesas a la entrada del local en las que se colocan las novedades, los libros especiales, las ideas para un regalo y otras secciones más.

Para los clientes con búsqueda, ubicaron un motor muy rápido, tecleando lo que el cliente sabe o recuerde sobre el libro deseado.

Cuando cualquiera de ambos clientes, llega al libro elegido puede leer la sinopsis, los comentarios de otros lectores e incluso, ver algunas páginas gratis.

Amazon fue el primer minorista en ofrecer la función llamada "los lectores que compraron esto también compraron...", utilizando algoritmos para clasificar a sus clientes por grupos de interés.

Según Bezos, el negocio de la venta electrónica reside en individualizar la oferta, es decir, que a cada comprador se le expongan los productos que más se ajustan a sus gustos, en función de sus compras anteriores, por esa razón los algoritmos captan información de los clientes para aprender más.

Cada vez que alguien realiza una compra, Amazon retiene su perfil de cliente, con toda la información que ingresó en la primera compra, más los datos que obtuvo de otras redes sociales en donde figure su nombre. Con esta información Amazon envía a sus clientes anuncios proactivos, sobre sus búsquedas literarias, por tema, por autor, por título o con diferentes criterios, por ejemplo, los últimos libros analizados en la CNN o el ranking de más vendidos, etc.

Uno de los hallazgos de Amazon es el reclutamiento de las partes interesadas: editoriales, distribuidores y demás minoristas en línea, dado que a todas les resulta sencillo operar con Amazon, la experiencia total del cliente mejora sustancialmente.

Pero, lo más sorprendente son sus vendedores asociados, superan el millón, que permite que toda empresa u organización que tenga un sitio web sobre un tema especial, puede anotarse como asociada de Amazon, para ofrecer libros del sitio de Amazon que se relacione con el tema de su empresa, por ejemplo: salud, comida, gimnasia, psicología, etc. y además puede agregar sus comentarios y críticas literarias. Cuando el cliente hace click en el libro que desea comprar, es derivado directamente al sitio web de Amazon y desde allí, completa la compra y la empresa asociada recibe una comisión por la venta del libro.

Los negocios en la red están creciendo geométricamente y tener un socio como Amazon no nada despreciable, porque resolverá muchos problemas de aquellos que recién comienzan, incluso si alguna vez piensas en emprender un negocio en la red, debe analizar el sistema que creo Amazon, ya que cumple las tres condiciones básicas de un negocio orientado al mercado digital:

-**El cliente es el fin supremo...** por eso debes considerar sus necesidades, posibilidades, prioridades, intereses, gustos y deseos.

-**La competencia nunca debe sorprenderte...** por esa razón no debes perderla de vista, ni un segundo.

-**La rentabilidad debe ser tu objetivo prioritario...** aunque todos sabemos que al principio se trabajara a pérdidas, estas pérdidas nunca deben ser mayores al 50% de tus ahorros, porque no podrás hacer girar la rueda.

Recordemos que Amazon comenzó vendiendo libros, para después pasar a la venta de música, ahora es el mercado más grande del mundo en millones de productos, según Bezos, "nuestra visión no es venderlo todo, sino construir un lugar donde la gente pueda encontrar cualquier cosa que quieran comprar en línea y no podemos hacerlo solo, lo hacemos asociándonos con cientos de empresas".

¿Sabías que Amazon tiene tres veces mayor número de búsquedas de productos que Google?

Esto es porque las personas buscan información en Google y productos en Amazon.

Consideremos que en el 2016 vendió productos y servicios por 136 mil millones de dólares, (136 billones), a 304 millones de clientes activos, que recorrieron sus 405 millones de productos, estos datos nos ayudan a comprender porque Amazon es el mayor gigante comercial.

Para comprender la magnitud de ventas de Amazon podemos decir que si fuera un país, tendría un "Producto Bruto Nominal" mayor que la mitad de los países del mundo.

Tomemos en cuenta que Amazon define como cuentas de clientes activos, a aquellos que han hecho al menos una compra en los últimos doce meses, es decir que Amazon cuenta en sus archivos con 304 millones de clientes que tienen tarjetas de crédito válidas, esto en "eCommerce" tiene un valor incalculable.

Actualmente (mayo-2017) Amazon está disponible en:

Alemania, Australia, Brasil, Canadá, China, España, Estados Unidos, Francia, India, Italia, Japón, México, Holanda y Reino Unido.

Como vemos solo dos países son de habla hispana, (México y España), pero los más de quinientos millones de hispanos parlantes que recorren las redes todo los días, residen en todos los países del mundo, generando un movimiento económico que crece en forma continua, probablemente en unos años, Amazon esté disponible en más países de habla hispana.

Esto no significa que quienes viven en países donde no está Amazon directamente no puedan comprar, el éxito reside en que cualquier habitante del mundo compre y reciba sus productos en su domicilio, la diferencia es que quienes viven en los mencionados países podrán pagar con la moneda de su país, por otro lado, quienes no residen en los países mencionados, deberán pagar sus compras en dólares o euros.

En el área libros, que es lo que nos incumbe, Amazon tiene en este momento una base de más de 18 millones de títulos diferentes, este número crece en un millón anual, es decir que, todos los meses ingresan más de 90.000 nuevos títulos, la buena noticia es que solo el 5% es en español, unos 4.500 títulos nuevos mensuales, que parecen muchos, pero realmente son muy pocos, comprendiendo que el español es el tercer idioma más hablado del mundo, después del mandarín y el inglés, tomando en cuenta que existen más de quinientos millones de personas de habla hispana navegando por las redes,

Otro dato a tener en cuenta, es que las ventas de libros en Amazon alcanzan a las 400 millones de unidades anuales, ocupando el 76% del mercado mundial, es decir que supera el millón de ejemplares diarios, si leyó bien, Amazon vende por día más de un millón de ejemplares, 45 mil por hora, 741 por minuto... es decir que Amazon acaba de vender 12 libros mientras tu parpadeabas...

III-¿Cómo funcionan los Algoritmos en Amazon?

Ya explicamos que un algoritmo es en su forma más básica, un conjunto de reglas y cálculos que pueden procesar información y sacar conclusiones.

Los algoritmos de Amazon funcionan como un motor predictor, es decir, puede predecir lo que un cliente tiene más probabilidades de comprar basado en los hábitos de compra en toda la tienda y por lo tanto puede ayudarle a comprender mejor a su cliente.

Todos los autores tenemos un objetivo principal, lograr que nuestro libro llegue a la mayor cantidad de posibles lectores y en ese caso, el algoritmo es la forma de visibilidad natural de Amazon, que funciona "casi" en piloto automático.

Los algoritmos de Amazon enviarán recomendaciones, por correo electrónico a sus millones de clientes, ofreciendo nuestro libro a quienes tengan un historial de navegación relevante con la categoría, género y tema de tu obra literaria.

Primero analicemos los distintos algoritmos en Amazon:

En la primera subdivisión encontramos dos versiones...

- Algoritmo precio venta cero

- Algoritmo precio venta determinado

Ambos algoritmos tienen dos partes principales:

-Algoritmo por hora

-Algoritmo promedio de 30 días.

El algoritmo horario es una instantánea de tus ventas en comparación con todos los demás libros de la tienda de Amazon, dentro de la categoría elegida. Esto es lo que determina la lista de best-sellers y el ranking de "lanzamientos calientes" y es lo que llama su "ranking o rango de ventas".

La media móvil de 30 días determinará tu ranking en el motor de búsqueda de Amazon y algunas otras listas. El promedio móvil agrega el número de sus ventas de los últimos 30 días y luego lo divide por 30.

Si tu libro tuvo un aumento en las ventas gracias a una promoción, el "promedio móvil" no cuenta que los días del pico de ventas, ya que los diluyen en los 30 días analizados.

El truco para escalar posiciones, es convertir el tráfico de Amazon en las ventas a una tasa más alta, centrándose en ciertos aspectos de su página de ventas y tener el lanzamiento correctamente cronometrado y promociones post-lanzamiento.

Algoritmo de Búsqueda versus Algoritmo de Recomendación

Con los libros pasa algo muy parecido que con el cine, siempre antes de ir a ver una película, analizamos que el género este dentro de nuestros gustos (acción, ciencia-ficción, misterio, romántico, etc.), que tenga actores reconocidos, escuchamos algunas críticas en la radio o TV y le preguntamos a alguien que ya vio la película. Exactamente todo eso hacemos a la hora de leer un libro, primero averiguamos el género, analizamos al autor, pero fundamentalmente, nada influye más a la hora de comprar un libro que una buena crítica literaria, un librero conocido, incluso un amigo, cuando nos dice que buen libro esta leyendo, es decir, que a la hora de escoger un libro, es el factor humano que nos convence, es el criterio de otros lectores o grupo de personas en las que confiamos.

Pero en este siglo tecnológico, estamos sustituyendo a los críticos literarios y amigos intelectuales por algoritmos, entonces priorizamos a los metadatos como clave para leer libros.

En este punto es que debemos diferenciar los algoritmos de recomendación de libros, de los algoritmos de búsqueda de libros, aunque en muchas ocasiones aparezcan combinados.

La diferencia más importante es que los algoritmos o motores de búsqueda son alimentados por los escritores o editores, en cambio los algoritmos o motores de recomendación son alimentados por los lectores.

Los algoritmos o motores de búsqueda suelen basarse en los datos aportados por el autor y/o editor, a la cadena de suministro del libro, conocidos como metadatos. Los distribuidores como Amazon y navegadores como Google, tiene sus propios motores de búsqueda internos que seleccionan por título, autor, ISBN, palabras clave, género, editorial, materia, formato, etc.

Estos buscadores, a partir del 2016, incorporaron "buscadores emocionales", que incluyen en la etiqueta palabras que ayuden a los lectores a buscar títulos según su estado de ánimo.

Así pues, los buscadores ofrecen sus resultados de búsqueda a partir de los metadatos con que el autor y/o editor acompaña a cada uno de sus libros, por esta razón, cuanto más completos y adecuados sean los metadatos más posibilidades hay que un libro sea encontrado por los lectores en una búsqueda orgánica, pero si estos datos se combinan en los algoritmos o motores de recomendación, aumentan considerablemente las posibilidades de venta.

Por el contrario, los algoritmos de recomendación basan sus resultados en los datos aportados por los lectores, en cuanto compra, reseña y valora cada libro leído.

El famoso algoritmo de recomendación de Amazon, no hace sino analizar y relacionar el comportamiento de los usuarios en la tienda, con los libros hojeados, libros comprados y libros reseñados, este sistema algorítmico fue copiado por la mayoría de las tiendas online.

A partir del 2016, incorporaron una nueva herramienta de recomendación de lecturas, que recoge y analiza una serie de factores de comportamiento del lector, externo a Amazon y que hasta ahora, había quedado excluido en los algoritmos, estos son, las reacciones expresadas en las redes sociales (Facebook, Twitter, Wikipedia y YouTube, etc.).

A pesar que aún no profundizaron lo suficiente, el nuevo algoritmo desarrolla la "recomendación emocional" de los lectores, conociendo que sensación o emoción tuvieron al leer tal o cual libro, este nuevo algoritmo puede servir a los lectores, para elegir qué libro leer, pero también a los autores y a las editoriales, para conocer el mercado sensitivo y emocional de sus clientes.

IV- ¿Cuán inteligentes son los Algoritmos?

La respuesta obvia es... MUCHO, los algoritmos de Amazon forman un "cerebro" inteligente, que permiten un nivel sin precedentes de personalización de contenido a gran velocidad, lo que contribuye a superar el rendimiento medio de los anuncios de banner o listas

El reto de este "cerebro" es que necesita "pensar" para tomar decisiones, pero pasa la mayor cantidad de tiempo absorbiendo información, casi sin "pensar", en este punto el sistema se vuelve muy complejo, tomando en cuenta que, como ya explicamos, Amazon tiene 304 millones de usuarios activos en todo el mundo, que sumados a las mil millones de vistas mensuales, incorpora enormes cantidades de datos al sistema de algoritmos, alimentando este "cerebro" comercial de forma inconsciente, incluso muchos de esos clientes han acumulado historiales de visitas en miles de artículos, que al combinar con el catálogo de 405 millones de productos, que tiene Amazon, crea varios problemas de escalabilidad reales.

A medida que escala, el número de combinaciones posibles, que no es matemática sino geométrica, se ve afectada la velocidad en la toma de decisiones del sistema y el rendimiento del algoritmo. Por ejemplo, el uso de métodos selectivos sobre el número de entradas, para reducir el conjunto de datos, a menudo simplemente reduce la calidad de la producción de datos.

Si añadimos un grado significativo de volatilidad en las preferencias de los clientes, sumado al hecho que, el sistema tiene poca información de los nuevos usuarios, crea un "freno" en el rendimiento del algoritmo para tomar decisiones efectivas.

Cuando se tiene una gran cantidad de contenido es necesario un modo de acceso directo a ese contenido, sería imposible para Amazon tener una gran base de datos con toda la información de los clientes, ya que debería reordenarla cada vez que "alguien" introduce una nueva consulta, esto lo haría demasiado lento. En su lugar, crearon un índice de accesos directos, es decir, indexaron la información, para que los algoritmos de búsqueda utilicen la nueva tecnología para administrar y consultar grandes cantidades de datos muy rápidamente, porque buscar en el índice es mucho más rápido, que la búsqueda en toda la base de datos cada vez.

Por ejemplo, palabras comunes como 'y', 'el', 'si' no se almacenan, estas son conocidas como palabras vacías, por lo general no se suman a la interpretación que el motor de búsqueda del contenido, (aunque hay excepciones en el español, como "Ser o Estar"). Este tipo de procedimiento es importante tener en cuenta cuando se intenta comprender a los algoritmos de Amazon y las decisiones que toman, ya que un pequeño cambio en la información recibida, puede provocar un gran cambio a escala.

Para estos casos Amazon desarrolló un proceso llamado "Elemento de Filtrado Colaborativo", que hace recomendaciones sobre los productos que, por lo general "se compran juntos", en su lugar toma decisiones sobre artículos que "podrían ir juntos", aprendiendo de los clientes, escalando conjuntos de datos, sin sacrificar la velocidad o la precisión. De esta forma el algoritmo reacciona inmediatamente a los cambios en los datos del cliente, generando recomendaciones de alta calidad a gran escala, para todos los usuarios independientemente de su número de compras o clasificaciones.

Por esta razón el "cerebro" de Amazon genera información diferente para cada visitante e incluso para el mismo visitante en diferentes momentos.

La automatización del marketing y la personalización son temas muy calientes en la segunda década del siglo XX, por eso Amazon cuenta con un equipo de "cerebros humanos" trabajando para el "cerebro digital", este equipo que se denomina A9, tiene su sede en Silicón Valley, con oficinas en varias ciudades del mundo.

A9 emplea los mejores expertos informáticos de algoritmos, para resolver los temas relacionados a su plataforma, incluso han creaado el software Cloud-Search, que desarrollo sistemas inteligentes de búsqueda de productos de Amazon.

A9 es una empresa en Palo Alto, California, subsidiaria de Amazon, que se dedica exclusivamente a crear algoritmos de productos, códigos que indican a la plataforma de Amazon cómo ordenar y listar productos en base a la carga y la experiencia de cada cliente, a su vez, estos algoritmos son elementos a otros algoritmos de colaboración, esto quiere decir que funcionan en un sistema de nodos.

¿Qué es eso? Es como un árbol de productos o un catálogo, ordenado por jerarquía, analizando la información de cada cliente de Amazon, cuya misión es sugerirle productos personalizados, la información ingresa en el momento que el cliente busca o publica algo en las redes, basados en infinitos resultados sobre los factores relativos que rodean el comportamiento de cada cliente en Amazon y lo que es popular ese día.

Cuando el sistema te ofrece algún producto que "ya compro alguien similar a ti", es porque he analizado demográficamente tus gustos, deseos y decisiones, en base al uso de medios sociales como Facebook, YouTube, Twitter, Google+, Instagram, incluyendo el historial de tus direcciones IP, datos GPS desde móvil, etc.

IV- ¿Cuán importantes son las Palabras Clave?

Dios dijo: "Hágase La Luz" y hubo luz.

Dios hizo al mundo mediante la palabra...

Por esto no debe sorprendernos que todo dependa de las palabras que utilicemos para "brillar con propia luz en Amazon", entonces analizaremos los conceptos básicos sobre las palabras clave.

Todos sabemos que cuanto más popular es la palabra clave, mejor será la ubicación del libro en el motor de búsqueda de Amazon.

Pero muchos "especialistas" confunden las frases o palabras populares de Google con la popularidad en Amazon, sugiriendo la misma herramienta para ambos casos, olvidando que la búsqueda en Google es por contenido o información, mientras que Amazon se trata de productos, esto incluye tema, título y autor.

Por ejemplo, las personas en Google, buscan respuestas a preguntas...

¿Cómo aprender inglés?

¿Qué es un ornitorrinco?

¿Quién fue Nabucodonosor?

¿Dónde nació García Lorca?

¿Cuándo llego el hombre a la Luna?

¿Cuánto tarda la luz del sol en llegar a la tierra?

Es decir las frases más buscadas en Google comienzan con: **Como, Que, Quien, Donde, Cuanto y Cuando**... en otras palabras Google está preparado para responder preguntas aunque esa no sea la intención del consultante...

Esto hace que la misma palabra o frase se interprete distinto y genere diferentes respuestas en Google y en Amazon...

Si alguien escribe en Google... "Mario Vargas Llosa"

El sistema lo llevara a Wikipedia donde le informara su biografía, enumerando su bibliografía, sus premio, incluyendo el Premio Nobel de Literatura, sus matrimonios, cuántos hijos tiene y sus tendencias políticas y religiosas.

Si alguien escribe en Amazon... "Mario Vargas Llosa"

Le mostrara las portadas de todos sus libros, las estrellas que sus lectores le adjudicaron, el precio de la versión digital e impresa y una reseña de cada obra.

Como vemos Google es información y Amazon es ventas...

La diferencia es que Google responde a la tácita pregunta: ¿Quién es Mario Vargas Llosa? en cambio Amazon registra el nombre del autor y busca los productos relacionados, independientemente de las intenciones de quien consulto. Google es útil para responder preguntas o dudas, en cambio Amazon para búsquedas concretas... esto hace que debamos revisar la formula, respecto al método más preciso para elegir palabras claves en Amazon, el consejo es preguntarse concretamente sobre su obra...

¿Qué buscan sus lectores?

¿Cuál es la trama principal?

¿Cómo es la trama secundaria?

¿Quién se identificara con...?

Lea detenidamente su obra y escriba todas las palabra que tengan relación directa con el contenido de la misma...

Recomendamos revisar los títulos de los veinte libros más vendidos de su género, esto le dará ideas de palabras clave "calientes", a continuación analiza las posiciones de ventas de los primeros veinte libros, relacionados a esas palabras clave, si la mitad de ellos tienen un rango importante, significa que la palabra clave introducida recibe mucho tráfico, en cambio, si sólo uno o dos de los primeros veinte títulos tienen un buen rango de ventas, es probable que pocas personas busquen esa palabra clave.

Recuerda que puedes utilizar hasta siete palabras clave o cadenas de palabras clave, dentro de la página de Amazon, esto es interesante, porque a pesar que son solo siete, puedes cambiarlas con bastante frecuencia...

Te preguntarás ¿Por qué harías esto?

En primer lugar para ponerlas a prueba, ya que es bueno estar seguro de que estás utilizando las palabras adecuadas y no siempre esto lo sabrás hasta que realices la prueba, especialmente si estás tratando con un mercado saturado como autoayuda o negocios.

Otro punto a tener en cuenta es la utilización de las palabras claves elegidas, en la descripción de tu obra o al revés, revisar la descripción de tu obra y selecciona las palabras que más se repitan... recuerda que los algoritmos de Amazon buscaran las palabras elegidas en la descripción de tu obra.

Al seleccionar las palabras clave, de acuerdo a los resultados obtenidos, debes considerar que "muchos resultados significan mucha competencia y pocos resultados significan poco tráfico"... es que si la búsqueda produce más de 100.000 resultados, tendrá demasiada competencia y no lograras insertar tu libro entre los primeros, por otro lado, asegúrese que los resultados no sean inferiores a 30.000, ya que el tráfico será insuficiente para lograr ventas, estos datos son sobre Amazon.com de USA y varían de acuerdo a cada país. .

Un error de recomendación que he visto en la red, es que puedes buscar palabras clave en la barra de búsqueda, para ver cuales te está sugiriendo Amazon. Esto no es verdad, ya que la barra de búsqueda está personalizada para ti y sólo ti, siendo una práctica inútil y posiblemente perjudicial, puesto muy de moda por los blogueros que piensan que han descubierto un "secreto", el problema es que conocer algo a medias en más peligros que desconocerlo, en este caso, la falta de conocimiento de cómo funciona este algoritmo está creando confusión y desinformación.

En realidad y como vimos, Amazon tiene un departamento que se dedica a desarrollar sistemas de algoritmos de personalización, que trabajar en la codificación de la barra de búsqueda para servir listas de productos absolutamente personalizados. La prueba es fácil hacer... piensa en los últimos productos que buscaste o compraste en Amazon... ingresa a Amazon sin escribir nada en la barra de búsqueda, veras que las sugerencias están relacionadas en tus últimas consultas o compras, es decir, tu historial de navegación.

V- ¿Cómo seleccionar tus categorías o géneros?

Amazon en el área de libro, cuenta con más de 20.000 listas, sumando géneros y sub-géneros, esto es solo en la plataforma de Estados Unidos, estos géneros o categorías crecen cada día, creando nuevas categorías y nuevas sub-categorías, por eso es normal que un escritor que entra por primera vez y desea publicar su libro, pueda sentirse abrumado entre tanto donde elegir.

El éxito para un escritor en Amazon, es aparecer entre los 100 más vendido de la lista principal de la plataforma, por supuesto que nos fácil, pero tampoco imposible, dependiendo del país donde te concentres, no es igual Estados Unidos, España o México.

Es por ello que te recomiendo, primero, centrarte en categorías específicas y menos competidas, para ganar experiencia antes de ir a las grandes ligas, algunas categorías son más demandadas que otras, por eso que muchas veces encontraras libros de una temática muy específica en otra categoría, cuyo nicho es el mismo, pero posiblemente no es el especifico de la categoría.

Amazon y Createspace utilizan el sistema de clasificación de libros BISAC (Book Industry Standards and Communications) este sistema es muy usado en los países Anglosajones, como USA, Canadá, Australia y Nueva Zelanda, en Europa se emplea un sistema similar, el IBIC (International Book Industry Categories), en ambos casos son sistemas que se basan en casi 2.600 códigos agrupados por jerarquías, de 18 categorías, como Artes diversos, Lengua y filología, Literatura y estudios literarios, Ficción y temas afines, Derecho y legales, Medicina y salud, etc., también cuenta con 900 "calificadores" para indicar, si se desea, la localización geográfica, la lengua de la obra, los períodos históricos, los fines didácticos y la edad de interés. La última versión (v 2.1), recoge las adaptaciones del sistema a diferentes mercados como los de Italia, España, México, Alemania, Brasil, Canadá, Noruega, Suecia, Portugal, Australia, Gran Bretaña, etc.

Por ejemplo:

Si escribes un libro sobre la historia de México y seleccionas la categoría "Historia > América > México" tu libro aparecerá en esa línea, siempre y cuando el algoritmo de Amazon encuentre las palabras "Historia" y "México" en el Titulo, Descripción o Palabras clave, pero que ocurre si los lectores no buscan mucho sobre la "Historia de México", en este caso puedes probar con otras categorías más concurridas, agregando palabras clave como "cuentos", "relatos", de esta forma a pesar que tu libro no es exactamente de "cuentos y relatos" realmente la historia en si misma lo es, logrando en un primer contacto con la gente que no esté interesada en la palabra "historia", pero si en "cuentos" y "relatos", aumentando la exposición de tu libro.

Encontrar los géneros correctos te llevará un poco de tiempo, nunca recomendamos colocar un libro en el género incorrecto, sólo para obtener la clasificación, porque si el sistema lo detecta, Amazon puede retirar el libro en su totalidad.

Como definir tú genero

Las categorías o géneros literarios sirven para encontrar tu libro en las listas de Amazon, pero su adecuada ubicación determinará si se convertirá en best-sellers, esto a su vez hará que el algoritmo lo incluya o no, en la lista de recomendados.

Primero debes definir el contexto de tu obra, si es ficción, no ficción, cuentos, poesías, novela, arte, biografía, adultos, jóvenes, niños, negocios, tecnología, salud, cómics, novelas, cocina, educación, ingeniería, dieta, historia, humor, legales, matemáticas, medicina, misterio, suspenso, familia, hijos, política, autoayuda, sexo, sociedad, pareja, ciencia-ficción, fantasía, militares, belleza, viajes, etc., etc.

Por supuesto **cada género tiene múltiples sub-géneros** que a su vez tienen otros sub-géneros, creando espacios específicos para temas determinados, por ejemplo...

Autoayuda se divide en: abusos, ansiedades, fobias, terapias, relajación, comunicación, habilidades sociales, muerte, duelo, sueños, emociones, creatividad, alimentación, imagen corporal, felicidad, niño interior, éxito, hipnosis, gestión del tiempo, PNL, New Age, escritura, memoria, motivación, transformación personal, autoestima, espiritual, miedos, estrés, etc.

Pero a su vez cada una de estas categorías, tienen otras sub-divisiones, por ejemplo:

Comunicaciones incluye: radio, televisión, cine, redes sociales, periodismo, medios, conferencistas, redacción, etc.

Relaciones incluye: interpersonales, codependencia, conflictos, amistad, amor y perdida, romance, matrimonio, divorcio, etc.

Al elegir los géneros (Amazon permite solo dos), debes consultar las listas de best-sellers dentro de tu género y tomar nota del rango de ventas del primero y del décimo libro más vendido, estos datos te mostrarán si existen dificultades para clasificar tu obra en las listas "Top 10" del género elegido, incluso verás la probabilidad de conseguir el primer lugar o sea Best-Sellers.

Considera que cuanto más alto son estos rangos, más factible es que tu libro este por debajo de ellos, o sea, por arriba en posición.

Amazon y los diversos géneros

Tomemos como ejemplo, que escribiste una novela de misterio y que deseas obtener una buena clasificación, nunca elegirías "misterio policial" ya que es un géneros muy "poblado", el objetivo es encontrar un sub-género con pocos títulos, una categoría estrecha con solo cinco o seis títulos antiguos, en Amazon si son títulos subidos hace tres meses ya son antiguos, esto hará que tu libro se posicione rápidamente en el número uno o "Best Sellers", llamando la atención del algoritmo, que posiblemente vea tu libro interesante, aunque por un tiempo.

Dos consejos sobre categoría o géneros

-**Los géneros cambian**. Dramas, ya no es una sub-categoría de romance, ahora es un géneros. Es se debe a que periódicamente, los algoritmos de Amazon revisan la cantidad de títulos que integran cada género y subgénero, cuando algún sub-género destaca en cantidad, lo transforman en género.

-**Cambios de géneros,** Si bien es recomendable revisar cada tanto el género de tu libro y cambiarlo, no debes hacerlo con demasiada frecuencia, tal vez una vez cada semestre, porque esto confunde al algoritmo, pudiendo perjudicar el posicionamiento de tu obra.

Estas son las categorías más populares dentro de Amazon:

-No Ficción: Dinero y Negocio - Cocina - Fitness y Dieta

-Ficción: Erótica - Amor/Romance - Fantasía

Esto es solo una pequeña muestra de los nichos donde puedes publicar libro, pero además de la categoría correcta eres capaz de hacer un marketing excelente, tal vez puedas tocar el cielo para los escritores que es el top 10 de los libros más vendidos en Amazon, por ahora los países que más ventas de libros en español tienen dentro de la plataforma de Amazon son Estados Unidos, España y México

Como funciona Best Seller Ranking

Puedes saber cuántas unidades de tu libro se están vendiendo con solo mirar "Amazon Best Sellers Rank".

La siguiente tabla es sobre las ventas en Estados Unidos, es decir Amazon.com, puede servirte de orientación, pero es posible que cambie de acuerdo a los países:

500,000 – 1.000,000 – vende 1 libro al mes

100,000 – 500,000 – vende 10 libros al mes.

50,000 – 100,000 – vende 1 libro al día

10,000 – 50,000 – vende 3 a 15 libros al día.

5,500 – 10,000 – vende 15 a 30 libros al día.

3,000 – 5,500 – vende 30 a 50 libros al día.

500 – 3,000 – vende 50 a 200 libros al día.

350 – 500 – vende 200 a 300 libros al día.

100 -350 – vende 300 a 500 libros al día.

35 – 100 – vende 500 a 1,000 libros al día..

10 – 35 – vende1,000 a 2,000 libros al día.

5 – 10 – vende 2,000 a 4,000 libros al día.

1 – 5 – vende 4,000+ libros al día.

Este ranking es general, no por categoría, por supuesto si tu libro está por arriba del millón en el ranking de ventas, es porque vende menos de un libro al mes y si no figura el ranking de ventas es porque aún no ha vendido ninguna unidad.

VI- ¿Cómo relacionar Algoritmos y "Review"?

Las revisiones o "review" que te dan los lectores son de vital importancia para que los algoritmos lo tomen en cuenta, por eso debes darle prioridad a este punto.

Los algoritmos de Amazon tienen cinco listas donde podrá figurar tu obra, en base a los "review" que tenga...

Dos intermedias, dos positivas y una negativa... en las dos intermedias puedes pasar de ser observado a ser ignorado o viceversa, tu posición en las dos positivas dependerá del volumen de ventas y de la última mejor no hablar...

Los algoritmos saben que cuando lanzas tu libro tendrás varias "cinco estrellas" de tu familia y amigos, es decir, puedes tener veinte o más "review" de cinco estrellas, al lanzar tu libro, que los algoritmos lo verán como un buen lanzamiento y pondrán tu obra en la zona de observación o espera... como si dijeran "a ver qué pasa con este libro"

Si luego de noventa días no has tenido más revisiones, el sistema comprenderá que solo fue un golpe de efecto del lanzamiento, te sacara de observaciones e ignorara la existencia de tu libro, pero si en algún momento comienzas a acumular nuevos "review" de cinco estrellas a consecuencia de alguna promoción, dentro o fuera de Amazon, volverás a la pista de careras.

También puede ocurrir que tu libro no tenga ningún "review" ni siquiera en el lanzamiento, en ese caso los algoritmos no tomaran en cuenta la existencia de la obra, que quedara relegada entre los millones de obras de los anaqueles de Amazon.

En ambos casos puede ocurrir que un libro que no ha tenido "movimiento" por algún tiempo, meses o años, comience a ser requerido por los lectores, esto suele ocurrir con libros sobre política, salud, economía o temas que repercuten en la sociedad, en ese caso, por supuesto, si los "review" de tus lectores crecen en forma sostenida, mes a mes, los algoritmos lo "verán" con más simpatía, ya que cada venta es más dinero para Amazon y a ellos les interesan los autores que venden.

Comprenderás que los dos casos son ejemplos de las listas intermedias, este último caso es una de las listas positivas y a medida que tus ventas superen la media de Amazon accederás a la lista "Top Ten", donde tu libro estará expuesto en casi todas las promociones y escaparates de Amazon... tú vendes, Amazon gana y todos contentos.

Pero hay algo más desbastador que no tener ningún "review", es tener uno con una sola estrella...

Cuando un libro tiene unos pocos "review" y uno de ellos es de una estrella, el efecto es catastrófico, porque Amazon ha programado el algoritmo para disminuir la visibilidad cuando aparecen reseñas de una estrella, si tienes mil revisiones y una sola es de una estrella, no perjudicará para nada el promedio general, pero una estrella con muy pocas cinco estrellas, podría hundir tu libro en el olvido y Amazon (aunque no lo reconozca) eliminará tu libro de todos las listas.

Estoy seguro que ante esta información tu cerebro está pergeñando algún plan maestro para escalar listas y colocar tu libro en primer lugar... por eso creo que es muy importante informarte que el algoritmo de Amazon tiene un filtro para los "review" prefabricados o inventados para inflar las calificaciones e incluso, no permite "review" de personas que no han bajado el ebook o comprado el libro impreso, es decir que solo podrán agregar una revisión aquellos "lectores certificados" como los denomina Amazon.

En realidad, desde hace un tiempo Amazon decidió desalentar esta conducta cambiando el algoritmo en toda la tienda, creando un "amortiguador" para los picos de ventas de un día o revisiones positivas no creíbles.

Si tu pregunta es...

¿Es fácil ser "Best Sellers" en Amazon?

La respuesta es SI...

Eso es fácil y legal, solo elijes una categoría poco poblada, le pides a veinte amigos y/o familiares que ingresen todos el mismo día a la misma hora, que bajen tu libro y coloquen cinco estrellas en tu "review" y serán Best Sellers por esa hora...

Si tu pregunta es...

¿Sirve esto para algo?

La respuesta es NO...

Tu libro quedara en "observaciones" por poco tiempo, para luego ser uno más del montón... pasando a las listas intermedias.

Entonces, ¿Qué funciona ahora?

Lo ideal es crear una campaña de goteo, es decir, que parte de tu lista de correo electrónico, ingrese a bajar tu libro y calificar tu libro de a poco, una parte por día o semana, manteniendo un flujo constante de buenas críticas que reflejan ventas sólidas en el tiempo, de esta forma los algoritmos asumirán que esta respuesta positiva es más orgánica que una sola explosión de revisiones, colocando la obra en la pista de carreras... aunque sea la pista lenta, es más veloz que las anteriores y tiene más exposición.

Cuidado con los "Review Club"

Muchos lugares han creado la idea colaborativa de compartir calificaciones, en Amazon los conocen como "Review Club", es decir, grupos de doscientos o trescientos escritores que califican sus libros con cinco estrellas, para escalar posiciones y conseguir que sus libros aparezcan en las listas de recomendados, incluso algunas web ofrecen, actualmente, ese servicio a precios "especiales".

Hace unos años el A9, desarrollo un algoritmo que puede percibir este tipo de revisión, eliminando automáticamente y por completo el libro del sistema de clasificación.

Desde junio de 2015 cuentan para el ranking, únicamente los comentarios verificados, es decir, una revisión como consecuencia de una venta, incluso los algoritmos revisan el número de comentarios verificados por fecha, como factores importantes, dando mayor peso a las nuevas opiniones de los compradores verificados, incluso la valoración de cinco estrellas de un libro, que anteriormente era una media pura, también se convirtió al sistema ponderado, utilizando los mismos criterios.

VII – ¿Cómo hacer más "atractivo" a tu libro?

Muchas veces hablamos que "**Atraer-Atrapar-Amarrar**" es la fórmula del éxito, tanto en los libros como en la vida diaria, la relación social, comercial y de pareja se basa en esta sencilla formula...

Atraer es un verbo y atractivo es su adjetivo derivado, es decir que para Atraer debemos ser atractivos... pero no confundamos atractivo con belleza o hermosura, una lombriz es atractiva para un pez, una mosca para una araña, una banana para el mono y el dinero para las personas...

Hasta ahora, hemos analizado la importancia de palabras clave y categorías adecuadas para lograr la visibilidad de tu libro, pero es necesario centrarse en el atractivo general, en otras palabras, los diferentes aspectos de tu libro que influirán en la probabilidad de compra de los lectores.

Existen cinco puntos que debes tener en cuenta:

-**Título**

-**Portada**

-**Descripción**

-**Muestra**

-**Biografía**

Analicemos cada uno:

-**El título y subtitulo**

El título debe Atraer al lector, no deben tener más de dos o tres palabras, sin artículos, nombre propios o conjunciones, nadie compraría "La trágica muerte de Carlos asesinado por su hermano Roberto", pero puede interesar "Asesinato Fratricida".

El subtítulo debe contener un máximo de ocho palabra, que no repitan las del título, explicando someramente el rumbo del relato... para el ejemplo anterior podría ser... "Dos hermanos, dos rumbos, un trágico final"...

Antes de definir el título de su libro, escribe tres o cinco alternativas y búsquelas en Amazon, para no repetir títulos ya publicados. Amazon no impedirá publicar varios títulos iguales, porque los identificara por el nombre del autor y el número de registro, en caso de ebook y el número de ISBN, en caso de libros impresos, pero los títulos iguales confundirán al lector, por ejemplo, si publicas un libro titulado "El resplandor" y tus lectores lo buscan en Amazon, aparecerá primero el libro de Stephen King que el tuyo... y que crees que ocurrirá...

-La portada o cubierta del libro

En el siglo XXI el diseño de portada ha variado en forma sustancial, en el siglo pasado las personas iban a las librerías y la imagen de portada era muy importante para "atraer" al público, en el pasado el título y la imagen competían por conquistar al posible lector, incluso el texto de contraportada ere de vital importancia para convencerlo, pero a partir de Amazon esto cambió rotundamente.

Cuando un lector busca un tema o género literario en Amazon, podrá ver las diminutas portadas de los libros afines o mejor dicho, Amazon le mostrara una serie de iconos, de tamaño muy reducido, con las portadas de los libros que se relacionan con su búsqueda, realmente vera diez o más iconos en forma horizontal sobre el tema elegido...

Es, en ese preciso instante, cuando comprendes que el futuro de tu libro depende de un simple golpe de vista... es, en ese momento, que comienzas a rezar para que el lector fije la vista en tu libro... es, en ese segundo, cuando descubres que la imágenes es muy grande y el titulo muy pequeño o que, la combinación de colores es incorrecta o que, el diseño no es el adecuado... pero lamentablemente, ese momento es tardío, ya que el lector paso y eligió otro libro...

Antes de elegir la imagen de portada, recorre las "estanterías" de Amazon, allí comprobaras que el título de las obras publicadas recientemente ocupa el 40% del tamaño de la portada, la imagen no supera otro 30%, el subtítulo el 20%, dejando solo el 10% para el nombre del autor y editorial, salvo que te llames Dan Brown, Agatha Christie o Stephen King, en ese caso el nombre del autor tendrá el tamaño del título, reduciendo por mucho la imagen que será casi innecesaria.

Una vez que comprendes que la imagen es solo el 30% de la portada, analizaras que los paisajes o vistas generales no le suman atractivo a la portada... por ejemplo si tu historia transcurre en una cárcel, la imagen de una prisión o de muchos presos no agrega ni atrae, en cambo la imagen de manos esposadas o a través de una reja es más atractiva... en otras palabras, recomiendo utilizar primeros planos más que planos generales para ilustrar un libro.

Otro tema es el contraste de colores y el tipo de letras a utilizar para el título... si el fondo de la portada es azul, negro o verde las letras deben ser blancas o amarillas... igual ocurre al revés, si el fondo es blanco, amarillo o celeste las letras debe ser negras o colores oscuros... nunca sobreponer los mismos colores, por ejemplo letras celestes sobre fondo azul porque pierden legibilidad...

-La descripción comercial

Luego que el posible lector eligió el icono de su libro, podrá ver la portada en tamaño más grande, accediendo a muchos datos sobre la obra, como formatos, páginas, precios, clasificación y ranking.

También podrá ver la descripción de la obra, porque Amazon permite describir en 4.000 caracteres, algo más de 500 palabras, todo lo que tu desees que el posible lector sepa de la libro, pero este espacio no es un lugar para efectuar un resumen de tu libro, por el contrario, es una oportunidad para "amarrar" al lector, no me refiero, simplemente, a despertar su interés, sino que la descripción deje al lector "deseando" leer el libro y por eso lo compre.

Sabemos que no será fácil y puede tomar horas escribir una buena descripción del libro, pero el esfuerzo vale la pena, ya que el objetivo es que piense, "quiero leer más de este libro".

Recuerde que la descripción debe crear más dudas que certidumbres, debe entusiasmas más que conformar y debe estar en sintonía con el género de la obra, porque es lo que el lector buscara, por ejemplo la descripción debe ser misteriosa si es una novela de misterio, poética si es un libro de poesías o futurista si es un relato de ciencia-ficción...

-La muestra o lectura gratuita

Este es el tercer paso de la fórmula mágica... **Atraer-Atrapar-Amarrar.** Recordemos que con un buen título y una buena portada logramos **"Atraer"** al posible lector. Luego con una excelente descripción lo **"Atrapamos"** pero, siempre hay un pero, aún no compró la obra, es decir que aún debemos **"Amarrarlo"**.

Amazon permite leer gratis las primeras diez o doce páginas de cada libro, es decir que cuando el lector llego a este punto, es posible que este entusiasmado con el libro, que le guste, pero siente dudas, en este momento está en nuestras manos darle ese "empujoncito", que lo lleve al carrito de compras...

Las primeras páginas de su obra deben **atraerlo**, los primeros párrafos deben **atraparlo**, las primeras palabras deben **amarrarlo**.

Toda la intriga de su relato debe estar en los primeros párrafos, todas las dudas sobre la trama deben estar en las primeras páginas, su obra debe amarrar al lector desde el prólogo...

-La biografía literaria

Al posible lector le interesara saber quién eres tú y que autoridad tienes para escribir ese libro en particular. Por eso la biografía del autor debe ir en la página cuatro o cinco para que el lector la pueda ver y conocerte gratis. Pero existen reglas no escritas sobre una biografía literaria...

-Qué cosa NO es una biografía literaria.

Una biografía literaria no es un Currículum Vitae u Hoja de Vida, tampoco es una lista de logros, ni un relato intimo sobre sus problemas personales. Por esa razón no debes incluir relatos de tu infancia, detalles de tu familia, explicación de tu condición social, enfermedades o problemas personales, salvo que alguno de estos datos sea relevante a la narración, entonces debes incluirla en la historia y no en la biografía.

- Qué información debes incluir en una biografía literaria.

Los datos mínimos y justificados, nombre del autor, lugar de nacimiento, lugar de residencia actual, fecha de nacimiento (para ubicarlo generacionalmente), formación en relación al tema de la obra, recuerda que no es la historia de tu vida, se trata de validar tu persona, por haber escrito esa obra en particular.

Por ejemplo si tu libro es de motivación, liderazgo o autoayuda es importante si eres Coach, Psicólogo o Académico, si tu libro es de poesías será importante haber participado de talleres literarios.

Otro punto importante es enumerar tus escritores preferidos, relativos al tema de la obra, si tienes premios o menciones relativos al tema o a la literatura, incluso si tienes afiliaciones o membresías a asociaciones de escritores, etc.

-Antes de escribir tu biografía literaria debes responder estas preguntas...

¿Qué les interesaras saber de ti a tus lectores?

¿Qué información de tu vida les haría confiar en ti?

¿Qué información de ti apoya la temática de la obra?

- Otro punto importante es el tiempo y espacio

La biografía literaria debe tener entre 200 y 400 palabras, esa una extensión razonable, menos de 200 palabras hablan poco de ti, más de 400 palabras dicen demasiado, recuerda contar lo necesario y lo pertinente. La descripción en tercera persona es más profesional, salvo que tu obra sea autobiográfica, evita referencias temporales, como "hace unos años recibió tal premio" o "una segunda novela está por ser editada", piensa que tu libro podrá ser leído dentro de 10 o 20 años y no se comprenderá las fechas, en esos casos debería ser "en el año 2012 recibió tal premio" u "otra novela del autor es…".

-Revisa y analiza tu biografía literaria

Analiza tu biografía literaria desde afuera, como si fuera de otro, para presentarlo como un autor de interés, validado para escribir lo que ha escrito. Lee tu biografía como si no fuera tuya y pregúntate si a ti te interesaría leer un libro de ese autor… responde la verdad…

INFORMACIÓN IMPORTANTE

Los algoritmos de Amazon están diseñados para buscar detalles que coincidan con las directrices de Amazon...

- Crear una portada atractiva es muy importante, con el título del libro grande, con pocas palabras, pero que llamen la atención, porque cuantas más personas "clikean" en la portada de tu libro, aumentará la tasa de atracción del algoritmo, independientemente de las ventas del mismo.

- La sinopsis de 4000 caracteres, deben llamar la atención del lector y contener las siete palabras clave. El algoritmo mide el tiempo de lectura del cliente, aumentando la tasa de atracción en relación directa al tiempo de retención.

- Las siete palabras clave elegidas deben ser genéricas, que describan el género y sub-género, el estado de ánimo y las emociones, no solo palabras que se refieren al contenido su libro.

-No utilices en demasía las palabras clave, solo una vez en frases clave, ya que esto puede verse como "relleno de palabras clave", una práctica que Amazon considera "spam".

-No utilices nombres de marcas o empresas en la sinopsis, ya que es contrario a la política del Amazonas

-Asegúrate si tu categoría tiene requisitos de palabras clave, utilizar exactamente esas las palabras clave

-Añade premios recibidos o comentarios literarios a la sinopsis, porque estos se verá mucho más y te dan la oportunidad para vender tu libro a los nuevos lectores

-Combina libros impresos con libros electrónicos, porque Amazon fusionará todos los comentarios para todas las versiones de tu libro, dándote una mayor cantidad de comentarios bajo una lista con más variedad.

-Los comentarios verificados son un factor muy importante de clasificación, el objetivo es llegar a 40 o 60 review globales, para que los algoritmos "vean" que tu libro es digno de promoción.

VIII- ¿Es útil regalar tu libro?

Muchos autores lanzan su libro gratis, para que sus amigos y familiares lo bajen, así lo califican y acceden a ser Best Sellers, esto es una buena opción, como explicamos, para ese objetivo en particular, pero no para que el algoritmo de Amazon tenga en cuenta el libro.

La idea general es que cuanto más bajo es el precio durante su promoción más libros moverán, lo que significa que se ubicará más alto en el algoritmo de Amazon, esto es una realidad a medias, porque si este posicionamiento es transitorio su ubicación también lo será.

En este punto es importante aclarar que Amazon NO REGALA libros, Amazon los vende a valor cero, alguien dirá... es lo mismo, venderlo a cero es regalarlo... la respuesta es NO.

Amazon es una empresa por lo tanto no regala nada, incluso cuando establecemos el valor cero para un libro digital, igualmente tiene costos y gastos, por ejemplo, cada vez que tu envías un archivo, ocupas un espacio en la red, gastas electricidad, incluso pierdes minutos de tu tiempo, etc. probablemente todo esto represente dos o tres centavos de dólar, los que ocurre es, que a lo sumo enviaras diez archivos en el día y ese valor es imperceptible, pero que ocurriría si debieras enviar miles de archivos por minuto, durante 24 horas los 365 días del año... deberías tener una estructura preparada para eso... con altos costos, eso le pasa a Amazon...

Por esa razón Amazon aunque venda los libros a valor cero, exige que el lector se transforme en comprador, dejando sus datos, como su email y número de tarjeta de crédito o débito, emitiendo una factura de valor cero. El lector o comprador no recibirá ningún cargo en su tarjeta de crédito o débito y obtendrá el libro digital a valor cero, pero Amazon verá incrementada su lista, ingresando a este nuevo cliente en su campaña de ventas.

Para quienes no comprendieron el sistema ganar-ganar del algoritmo de Amazon, el lector recibe el ebook gratis o valor cero y Amazon invirtió algunos centavos en incrementar su lista, sabiendo que en algún momento ese nuevo cliente efectuara una compra, como vemos Amazon gana y el lector gana pero...

¿Qué ganas tú como autor en esta ecuación?

Todo depende la opción elegida...

Hay dos maneras de vender tu libro a valor cero en Amazon,

-Si tu objetivo es el "Branding", es decir, pretendes regalar el libro para incrementar tu publicidad personal, utilizándolo para promocionar tu negocio... por ejemplo escribes un libro de autoayuda para incrementar tu "marca" como coaching, escribes un libro de gimnasia para publicitarte como "personal trading", etc., en ese caso debes listar tu libro "permanentemente" a valor cero, sabiendo que es una estrategia a largo plazo, de esa forma el algoritmo lo promoverá de acuerdo a los "review" pero no recibirás dinero a cambio.

-La segunda forma es mediante la inscripción en KDP (Kindle Direct Publishing) Select -un programa de 90 días en el que se compromete a vender "exclusivamente" a través de KDP Select a cambio de una mayor visibilidad en Amazon. Durante esos 90 días, puedes lanzar una promoción de libro gratis por hasta 5 días, en la que tu libro se traslada a la lista gratuita. Esta es una estrategia para los autores que buscan recibir más comentarios, aumentar la visibilidad y obtener su libro clasificado en el algoritmo de precio venta cero.

La Ecuación del Algoritmo del ebook gratuito.

Cuando Amazon comenzó, incluso hasta hace pocos años, una descarga gratis de un libro equivalía a una venta, entonces, una vez que la promoción terminaba y salía de la lista gratuita, el libro tenía una muy buena posición, incluso mejor que algunos libros que estaban en la lista de pagados... pero esta posición no era real, cuando el algoritmo de Amazon se dio cuenta, se auto-corrigió.

Ahora cuando hay un lanzamiento gratuito de KDP Select, las descargas se dividen en un promedio, antes de agregarse al algoritmo de "ventas" en Paid Store.

Como explicamos, el "ranking o rango de ventas" es un algoritmo, básicamente, del número de ventas que ha tenido el libro en los últimos 30 días, pero si estos eran realmente "descargas gratuitas" en lugar de ventas, Amazon contará cada descarga gratuita como 0,1 venta, es decir, tomara únicamente el 10% de ese número para añadirlo al algoritmo standard.

La ecuación del algoritmo libre que ves en tu libro es:

RV = (V+ (DG/10)) / 30... o sea...

Ranking de ventas =

(Ventas + (Descargas Gratuitas / 10)) / 30 días

Historia del Algoritmo Libre

En los primeros días, cuando aún Amazon necesita más de los escritores que los escritores de Amazon, como es en la actualidad, los libros gratuitos eran fáciles de lanzar con gran éxito. En aquellos tiempos los libros gratuitos estaban en la primera página, en lugar de ocultos detrás de una pestaña, eran clasificados de acuerdo a las palabras clave y se enumeran en los listados comunes, esto era porque Amazon necesita tráfico y con productos gratuitos lo conseguía... hasta que la balanza se inclinó hacia su lado y ahora no necesita el tráfico que le brindan los libros gratuitos...

Otro cambio importante se produce cuando Amazon incorpora la idea de "quien compro este libro también compro...", esto le resta visibilidad a los libros gratis, porque divide las listas de Best Sellers en Gratis y Pagados, ocultando los Gratis bajo los Pagados.

En el año 2013 años Amazon lanza Kindle Unlimited, algo parecido a Netflix, que permite leer tantos libros como quieras a cambio de una cuota de suscripción mensual, esto determino la caída de la eficacia de las promociones gratuitas. La razón es simple, Amazon disminuyo mucho más la visibilidad de los libros Gratis, porque su negocio es impulsar el tráfico a la plataforma Amazon Kindle Unlimited y la lista KDP Select Free, de libros gratis, es su mayor competidor.

Como escribió el gran poeta español, Francisco de Quevedo, "Poderoso caballero es Don Dinero".

¿Es útil regalar tu libro?

Por supuesto, en este punto, es lógico que te preguntes...

¿Qué beneficios obtendré cuando la gente baje mi libro gratis?

La respuesta es simple... "**Depende**".

Es muy importante que en el lanzamiento, tu obra obtenga al menos **30 revisiones o "review"** de cinco estrellas, esto hará que el algoritmo la "vea" y la incorpore a la lista de promociones, esto tiene un efecto domino... porque tu libro será "visto" por otros algoritmos y aparecerá en una buena cantidad de sitios web que promocionan libros, entonces es posible que logre un buen impulso en el primer día, para esto debes movilizar a tus familiares y amigos, para que bajen tu obra durante el primer día y la califiquen con cinco estrellas...

Una vez logrado el primer objetivo, debes pensar en los días subsiguiente, recurriendo a tu lista de conocidos en redes sociales, que son más difíciles de convocar, porque como sabemos no son muy fieles, por esto muchos meses antes del lanzamiento de tu libro debes buscar en las redes comunidades literarias o afines al tema de tu obra, interactuar con ellos, anunciar que estás trabajando en tu libro, incluso publicar algunos pasajes de la obra, para que te conozcan y esperen tu anuncio para bajar el libro gratis...

A partir de alli la mayoría de sus descargas provendrán de fuentes externas y dependerán que los "review" continúen creciendo y de la calidad de tu obra.

Es muy importante planear con anticipación el lanzamiento de tu libro, anunciándolo en blog y redes, creando páginas especiales en Facebook, Google+ y desarrollando comunidades. Esperar hasta el último minuto hace que sea mucho más difícil lograr que los algoritmos "detecten" tu libro.

Retomando la pregunta del principio...

¿Es útil regalar tu libro?

La respuesta es simple... "**Depende**".

Si tienes un plan a largo plazo... **SI**

Si no tienes un plan... **NO**

IX- ¿Cuál es el mejor Precio Venta de tu libro?

No hay duda que Amazon coloco el algoritmo como eje central de su negocio, el algoritmo es el foco y la piedra angular de toda la evolución del mercado de Amazón, por esa razón es muy importante que tu comprendas este punto, ya que de esto dependerá el éxito de tu libro, es decir, que tú debes aprenda a evolucionar con el algoritmo para que tu libro crezca en ventas y ganes dinero.

Pero, siempre hay un pero, el problema es que debes estar atento, sabiendo que Amazon adapta, evoluciona o cambia sus algoritmos continuamente o sea, cuando aprendiste las respuestas, Amazon te cambiara las preguntas...

Los Dos Algoritmos

Como vimos en capítulos anteriores, todo está controlado por dos algoritmos, el rango de ventas por hora y el promedio móvil de 30 días...

La mayor parte de su visibilidad de tu libro, va a venir del promedio de 30 días de ventas a través del tiempo, ya que los últimos cambios en el algoritmo, dan menos peso a picos anormales y consideran más importantes las ventas continuas en el tiempo.

Por ejemplo, si vendes treinta ejemplares de tu libro por día, durante treinta días, el algoritmo posiciona su título mucho más alto, que otro libro que vende 1200 ejemplares un día y luego nada... el algoritmo "amortigua" esos picos, porque deduce que esas "ventas"

---

son ficticias, producto de listas internas y no del lectores externos, en otras palabras, el sistema de Amazon "aprendió" que nuestros amigos y parientes que nos desean ayudar, no son lectores "confiables" a la hora de posicionar un libro, lo que significa que recalcula el rango de posicionamiento del libro, no por el total de ventas, que puede ser similar o superior a otro libro, sino con un algoritmo similar a la "fórmula de descargas gratuitas" que ya vimos.

Lugares de mayor visibilidad

Si desea tener éxito con los algoritmos de Amazon, debe centrar sus esfuerzos analizando y creando mayor visibilidad en los motores de búsqueda, (Google+, Facebook, etc.), listas de popularidad (comunidades, clubes, lectores) y por supuesto, la mayor cantidad de "review" posibles, todos de cinco estrellas.

Otras fuentes de tráfico son los productos patrocinados, anuncios pagados, eso depende de su presupuesto, aunque debe considerar que promocionar su libro en Amazon, no siempre equivale a aumentar sus ventas ni a mejorar su posicionamiento, solo es una muy buen ayuda.

¿Valor o Precio?

Muchos creen que un libro popular es el que vende más o que tiene más "review" o ambos... **¿Pero es así?**

Amazon tiene una gran variedad de formas para promover los libros, fuera y dentro de su tienda, pero los algoritmos de las listas de popularidad son los principales factores.

Una técnica es cuando Amazon envía mensajes de correo electrónico que dicen... "Usted compro el libro "Tal y Cual" y quienes leyeron ese libro, están disfrutando de estos otros libros..." por supuesto los enlaces que incluyen, te llevarán a la lista de popularidad para esa categoría de libros, "enganchando" a un libro de Dan Brown o Stephen King, a una larga lista de autores poco conocidos.

En realidad, si tu libro está en la primera página de esa lista de popularidad de una sub-categoría, tus ventas diarias aumentarán entre 300 y 500 ejemplares... incluso para las grandes categorías, como romance, misterio, suspenso y fantasía, la visibilidad en las listas de popularidad podrían ser responsable de miles de ventas mensuales.

El punto es que, para aparecer en los primeros puestos de las listas de popularidad, necesita fuertes ventas en los últimos 30 días, pero también el algoritmo analizar la relación unidades/precio... es decir, que a iguales o parecidas unidades vendidas, cuanto mayor es el precio, mejor será tu posición en la lista de popularidad.

Lo que Amazon busca es el número de ventas de un producto con la mejor ganancia en su categoría, así que si tu libro de $0,99 compite con otro de $ 2,99, aunque el otro vendiera menos que tú, es probable que Amazon va a reconocer en primer lugar al libro de $2.99, ya que la empresa ganará más dinero.

Esto significa que es necesario hacer una investigación, sobre que libros están vendiendo en varias categorías, analizando su potencial, antes de elegir una para tu libro, esto incluye el precio, ya que, como vimos, precios demasiado bajos atentan contra el margen de ganancia de Amazon, perdiendo posicionamiento.

Este punto juega en contra de aquellos que venden su obra a 99 centavos creyendo que venderán más, porque esto no es "negocio" para Amazon, gana poco, en otras palabras, cuanto mayor es el precio, mejor se va a colocar tu libro en la lista por su relación con las ventas totales, parecería que el rango "ideal" es entre $ 5.99 y $ 12.99 o un punto intermedio que es $9,99.

Como dijimos y repetimos, "Amazon hace cambios todo el tiempo, en el momento que estás leyendo este libro probablemente los algoritmos de Amazon podrían haber cambiado o lo harán dentro de dos o seis meses".

X- ¿Factores de Relevancia y Conversión?

Como vimos, la búsqueda es la principal forma en que los clientes utilizan para comprar libros en Amazon, esta búsqueda puede ser por palabra, género, autor, tipo, calificación, etc.

Existen factores que determinan la visibilidad de tu libro, como el título y subtitulo, la portada, las palabras clave, el precio venta, la descripción comercial o la muestra o lectura gratuita, incluso el historial de ventas ayudan a determinar dónde aparece tu libro en los resultados de búsqueda de un cliente. En general, los libros mejor vendidos tienden a ser aquellos que están al principio de la lista de resultados, a medida que sus ventas aumentan, también lo hace su posición en las listas.

¿Qué es el factor de relevancia?

La definición de relevancia se relaciona, básicamente, en conocer la importancia de tu libro para los algoritmos de Amazon en sus listas de búsqueda y recomendaciones. Esto es muy importante para que tu libro tenga visibilidad, pero para llegar a ser visible debes analizar cada uno de los puntos mencionados arriba, en base a este objetivo, como el título, la portada, las palabras clave, el precio venta, la descripción comercial o la muestra. La relevancia que el dará a tu libro el algoritmo de Amazon influirá directamente en la decisión del posible lector... recuerda que no se compra lo que no se ve...

¿Qué es el factor de conversión?

La definición de conversión es cuando un "curioso" se transforma en "cliente", en el comercio electrónico se define al "curioso" como "prospecto", es decir alguien que está interesado en tu libro, o sea, alguien que es atraído por algún factor de visibilidad de tu libro, el primer paso que puede dar este "prospecto" es hacer click en la portada de tu libro, a pesar que aún no compro el libro, para el algoritmo de Amazon ya no es "alguien más" y lo trasfiere a la lista de tus posibles lectores, este punto es muy importante, ya que cuanto más "prospectos" tenga tu libro, mejor lo posicionara el algoritmo de Amazon, aunque no se refleje directamente en las ventas.

Por ejemplo, cada cliente tiene tres listas personales...

-Lista de favoritos

-Lista de deseos

-Lista de la compra

Cada vez que un cliente de Amazon, coloca tu libro en alguna de las dos primeras listas, favoritos y deseos, el algoritmo de Amazon mejora tu posición, porque entiende que hay más posibilidades que tu libro ingrese a la última lista...

Por esta razón es que debes tomar con mucha consideración el factor de conversión, en cada estamento de la información que le das al "prospecto", para que compre tu libro y se transformes en "cliente", para ello es importante que conozcas los puntos de vital importancia, donde debes "ayudar" al "prospecto" a definir su compra.

Comprensión de los Factores de Relevancia y Conversión

Tanto en la vida como en el comercio nada funciona sino se planifica... incluso aquello que atribuimos a la "buena suerte" proviene de un plan, desarrollado en forma consciente o inconsciente, entonces la "buena suerte" es consecuencia de ese plan... por esto prestar atención a la planificación es muy importante, si deseas que la "buena suerte" te acompañe en el lanzamiento exitoso de tu libro en Amazon.

Para ello debes lograr una mejor comprensión de los factores de **relevancia o búsqueda** y **conversión o venta**, porque en el momento de lanzar tu nuevo libro, necesitas tener todos esos factores en su lugar, si desea lograr un pico muy alto durante el lanzamiento, que se mantenga en los siguientes días, semanas y meses.

Recuerda que, todos los factores de relevancia o búsqueda y de conversión o ventas, se relacionan entre sí, por esto los detallamos y clasificamos en escala de tres niveles de acuerdo a su importancia, **BAJA, MEDIA y ALTA**.

Los factores a considerar son seis:

1-Título y Subtitulo

2- Portada o cubierta del libro

3- Palabras Clave

4- Precio Venta

5- Descripción comercial

6- Muestra o lectura gratuita

Factores de importancia:

1-Título y Subtitulo

Búsqueda o relevancia: importancia alta.

Tasa de conversión: importancia baja.

Como explicamos, un título corto y exacto, ayudará a los algoritmos de Amazon a determinar la relevancia de tu libro, así como "empujara" a la conversión de lectores. Esto quiere decir que tu título puede ser relevante para el algoritmo, para incluirlo en las listas de recomendaciones o búsqueda, pero considera que casi nadie compra un libro por su título, por eso decimos que para la relevancia este punto es de alta importancia, pero no tanta para la conversión, aunque un título fácil de memorizar ayuda bastante.

2- Portada o cubierta del libro

Búsqueda o relevancia: importancia alta

Tasa de conversión: importancia baja.

Una buena portada, con el título legible desde el pequeño icono, con letras grandes y colores contrastantes, es fundamental para que el posible lector se detenga a ver tu obra. El sistema analiza la cantidad de personas que hicieron click en el icono de tu obra, compren o no, por eso debes considerar que, cuando más click tenga la portada de tu libro, mejor lo posicionara el algoritmo de búsqueda de Amazon, llevándolo a la parte superior de los resultados de búsqueda, esto es muy importante en relevancia, pero nuevamente, casi nadie compra un libro por la portada, pero ayudara mucho si es atractiva.

3-Palabras Clave

Búsqueda o relevancia: importancia alta.

Tasa de conversión: importancia baja.

Hemos hablado bastante sobre lo importancia de las palabras clave, pero a diferencia del título y la portada, los lectores no ven las palabras clave, por eso su importancia de conversión es baja, pero estas son uno de los puntos por los cuales el algoritmo determina la búsqueda, incluso al obtener más relevancia por una palabra clave, mejorara tu rango para esa palabra clave. Recuerda que las "keyword" o palabras clave, son los términos que utilizan los usuarios, cuando buscan los contenidos que les interesan, por eso su extraordinaria importancia, esto es tan importante que la inmensa mayoría de visitas a tus libros se hacen a través de las palabras clave, ya que son poquísimos los usuarios que, hoy en día, teclean directamente el nombre del libro o del autor.

4-Precio Venta

Búsqueda o relevancia: importancia media

Tasa de conversión: importancia alta

No hace falta decir que el precio es un factor importante en la decisión de un cliente a comprar, pero al mismo tiempo, vimos que si lo regalas o lo vendes a precio muy bajo, atenta contra el "negocio" de Amazon, entonces el algoritmo de búsqueda, que tiene esto en cuenta, le dará prioridad a los libros que producen más ganancias a Amazon, cuando los demás factores son iguales.

5- Descripción comercial

Búsqueda o relevancia: importancia media.

Tasa de conversión: importancia alta.

La descripción de tu obra no debe ser un resumen, debe ser incluir más preguntas que afirmaciones, despertando curiosidad en el posible lector. La descripción es muy importante al momento de decidir la compra de un libro, muchas personas se entusiasman con la descripción y compran el libro, por esa razón, debe "convencer" al lector de la importancia de leer su obra. El lector ya fue "atraído" y "atrapado" ahora debe sentirse "curioso" por conocer más de la obra y en ese momento será "amarrado" por el autor. El resumen comercial no debe contar la obra, ni siquiera en forma resumida, debe atacar la "curiosidad" del lector, debe penetrar en su cerebro creando preguntas, dudas, incógnitas que solo serán resueltas leyendo la obra... en ese momento el lector quedara "amarrado" al libro sin poder desprenderse... Un ejemplo de resumen comercial puede ser el siguiente...

¿Qué separa a los Montescos y Capuletos?

¿Qué intrigas palaciegas recorren Verona?

¿Hasta dónde llega el odio entre familias vecinas?

Dos amantes y una ciudad dividida...

Dos familias y una ciudad unida por el odio...

Dos adolescentes que no logran concretar su amor juvenil...

Una historia que lleva a las profundidades del drama...

Un final angustioso e inesperado...

Por supuesto que todos sabemos de qué obra se trata, pero debemos notar que se resumió la obra en ocho renglones, no se nombra el título de la obra ni el autor, todo el texto apunta a preguntas y afirmaciones que impulsan despertar la curiosidad del lector...

6- Muestra o lectura gratuita

Búsqueda o relevancia: importancia baja
Tasa de conversión: importancia alta

Cuando el posible lector llego a revisar el contenido gratuito de tu obra, es porque ya conoce la portada, leyó la descripción comercial y se dispone a pagar el precio estipulado... o sea que está muy interesado en comprarla... este es el punto donde solo resta "empujar la pelota suavemente para lograr el gol"... por esa razón debes considerar muy importante el contenido de las primeras páginas de tu obra... este punto es de vital importancia en la decisión de compra... es importante que el "prospecto" pueda leer al menos, tu biografía, el prólogo o introducción y el índice, incluso si alguien recomienda tu obra, todo esto ayudara a "convencer" al lector de la necesidad de leer todo el libro e impulsara la compra.

Planificación del lanzamiento

Una vez que consideras que estos seis puntos están óptimos, puedes planificar el lanzamiento de la campaña...

La estrategia de lanzamiento para la tienda de pago es diferente de la tienda gratuita... recuerda que allí basamos la estrategia en familiares y amigos para lograr llegar a ser Best Sellers... algo muy fácil de conseguir (temporariamente), apuntalando tus propias listas, pero si intentas hacer lo mismo en el área de libros pagos, perderás visibilidad en lugar de ganarla, recuerda al sistema de "amortiguador" que tienen los algoritmos de Amazon...

En cambio, el objetivo debe se logra mediante un sistema de ventas sostenido... con algunos picos, no muy altos, porque esto es lo que le dará la mayor visibilidad, en otras palabras, el algoritmo de Amazon prefiere un goteo constante sobre grandes picos.

Tipos de ventas: Externas y/o internas
Ventas Externas

Se trata de ventas generadas directamente por el autor o el editor, o sea trafico externo, ya sea a través de promociones de los medios de comunicación, redes sociales, páginas web y anuncios, gratitos o pagados. Esta venta no depende en absoluto a los sistemas de recomendación o promoción internos de Amazon.

Las ventas externas tienen importancia como fuerza o empuje, no como objetivo en sí mismas, ya que la promoción o publicidad exterior es considerada una inversión de bajo rendimiento, las ventas externas ayudan a dar "visibilidad" al libro, logrando que los algoritmos, puedan duplicar sus resultados. Esto es así, porque los algoritmos de Amazon están diseñados para dar prioridad a los nuevos "clientes", es decir, que si tu familiar o amigo nunca ingreso en Amazon y lo hace solo para "bajar" tu libro, eso será visto como "muy importante" para Amazon, porque estas ingresando nuevos posibles clientes y aumentas la listas de Amazon. Cuanto más ventas externas tengas, es decir clientes nuevos para Amazon, mejor posicionaran los algoritmos tu libro, porque esa incorporación beneficia a Amazon, es decir, la vieja fórmula "ganar-ganar".

Ventas Internas

Estas ventas son generadas por el tráfico de Amazon, a sus clientes habituales, considerando los factores de búsqueda o relevancia y de conversión o ventas, que explicamos anteriormente, pero fundamentalmente por recomendación como "clientes que han comprado este título también han comprado..." en este punto es muy importante que tu libro logre escalar posiciones, para ser recomendado tras libros de gran venta... por ejemplo "si Usted leyó El Código DaVinci le recomendamos leer WXYZ (tu libro)", si consideramos que el El Código DaVinci vendió cien millones de ejemplares, tu libro llegara a cien millones de personas, aumentando geométricamente sus posibilidades de ventas...

XI - ¿Cómo desarrollar un Plan de Ventas?

Para conseguir sostenibilidad debes controlar tus ansiedades, manejando tres etapas del lanzamiento de tu libro...

1-Pre-lanzamiento

2-Lanzamiento o presentación

3-Post-lanzamiento

1-Pre-lanzamiento

La primer etapa debe comenzar al menos un mes antes, imponiendo el tema de tu libro en las redes sociales, con spots, blogs, comentarios, discusiones y todo lo que sirva para que el público hable del tema, tus textos no deben ser conformistas, por el contrario deben provocar debates, ser agresivos, con opiniones controvertidas, que provoque reacciones en la gente, recuerda que el objetivo de la publicidad es vender, no tener razón...

Si el tema de tu libro es el amor o la poesía, comienza despotricando contra las relaciones humanas, habla en contra del amor, las parejas, critica los poemas de Gustavo Adolfo Bécquer o Pablo Neruda, etc. si tu libro es una novela de misterio crea un debate sobre Agatha Christie o Stephen King, si tu libro es de autoayuda tienes para discutir sobre Paulo Coelho, Luise L. Hay, Tony Robbins y otros...

El error de la mayoría de los escritores que desean promocionar su próxima obra, es copiar frases de estos u otros autores y subirlas a su página, lo único que provocan es que la gente les dé "Me gusta" y pase de largo... otros autores hacen preguntas al estilo... ¿Cuál de los poemas de Gustavo Adolfo Bécquer te gusta más?... todo esto se denomina participación pasiva y es poco útil a la hora de promocionar tu libro, en cambio sí cuestionas a Pablo Neruda, a Stephen King o a Paulo Coelho, si los criticas, si despiertas controversias, obligas a la gente a estar o no de acuerdo, a opinar, a discutir, en definitiva a tomar acción activa. Está demostrado que los participantes activos, son quienes verdaderamente se interesan por los temas, ten presente que mucha gente discutiendo crea alboroto, eso suma más gente a la discusión, creando una espiral ascendente de personas que tomaran acción y, en consecuencia, comprarán tu libro...

2-Lanzamiento o presentación

Hay varias cosas que puedes hacer para llamar la atención de Amazon, al momento del lanzamiento de tu libro.

-**La Primera,** para dar el primer impulso y lograr varios "review" de cinco estrellas, es la promoción gratuita de ebook o libros electrónicos que ofrece KDP, durante cinco días tus amigos y familiares podrán bajar tu libro digital gratuitamente, pero debes "comprometerlos" a dejar su "review", de otra forma no vale la pena, ya que no mejorar tu posición con los algoritmos de Amazon.

-**La Segunda** es jugar con los cambios de precios, que puedes hacerlo una vez cada 180 días, es decir puedes hacer una escalera de precios, del día uno al tres a $2,99, del día cuatro al seis a $4,99, del día siete al nueve a $6,99 y a partir de allí a $9,99... Esta es otra forma de crear urgencias en los lectores y que el algoritmo "vea" tu libro.

Los algoritmos de Amazon "aman" a los autores que actualizan frecuentes los datos, cambiando la descripción y palabras clave de vez en cuando, incluso el precio o el intercambiar de categorías, si solo subes su obra y esperas "sentado" que tus ventas lleguen al tope, probablemente los algoritmos te ignores y tu libro será uno mas del montón, Amazon es un negocio y como tal quiere ganar dinero, si tú lo favores, te apoyara en todo lo que hagas, por supuesto en forma legal y correcta.

3-Post-lanzamiento

Una vez que está tu libro en Amazon, debes crear "centros de atracción" para las personas que les gusta el tema de tu libro...

A- Pagina Web

El primer centro de atracción es un sitio Web que actuará como centro de contenidos, algunos escritores tiene rechazo a la palabra "contenido" para describir su producción creativa, pero realmente toda la literatura es "contenido", desde Cervantes a García Marquez son creadores de contenido, ya que el envase es el continente, es decir quien contiene la obra literaria, por ejemplo un libro impreso, un ebook, un video libro, una obra de teatral y/o una película son continentes, lo verdaderamente valioso el contenido.

Tu sitio web debe contarle a tus lectores y fans algo sobre ti y su forma de escribir, incluyendo un blog con actualizaciones regulares, un resumen comercial de tu libro, parecido al que figura en Amazon, algunas imágenes de portada y por supuesto el link a Amazon..

También es muy importante incentivar la página en Facebook, Google Plus y otras redes sociales, para que tus seguidores se transformen en lectores, comprando tu libro, igual que tu participación en foros sobre el tema, al publicar comentarios sobre algunos pasajes de tu libro, hará que la gente te reconozca como autor, leyendo parte de tu obra. Este despliegue generara nuevos contactos y por supuesto nuevos lectores de tu libro, debemos reconocer que esto solo no genera mayores ventas, pero actúa como un punto de introducción, para incrementar tu lista de correos.

Muchas veces hablamos que un sitio Web de autor o una página en Facebook, Google Plus y otras redes sociales, para promocionar tu obra, no deben incluir temas personales, a tus lectores no le importa ver las fotos de tu familia, dónde vas a pasear o que comes, debes ser profesional y con objetivos claros, mostrando fotos de conferencias o cursos que participas, que guarden relación a tu libro, tus imágenes y comentarios deben apuntar a incrementar tu credibilidad, referente al tema de tu obra.

Hay ciertas características a tener en cuenta con el sitio web y las paginas en las redes sociales:

-Nombre- El nombre del dominio debe ser igual a los nombres de las páginas de las redes sociales, debe ser fácil de memorizar, vale la pena invertir en un nombre más simple, para que pueda compartir rápidamente con la gente. Puede ser el nombre del autor o del libro, si escribiste o piensas escribir varios libros, debe ser algo que los caracterice en conjunto.

-Personal - Que se diferencie del resto, mostrando quien es el autor y que tipo de contenido encontrara el lector en sus libros, incluyendo género y estilo.

-Claridad- El contenido debe ser claro en una página fácil de navegar, para mantener ocupados a los visitantes y reducir el porcentaje de abandonos.

-Regalo- Un PDF o mini ebook con pasajes relevantes de tu obra, que incluya más intrigas que respuestas, puede atraer a tus posibles lectores. NO redactes un resumen de tu libro, sino nadie necesitara comprarlo. Entregar este regalo sirve para acrecentar tu lista, debes configurarlo como una opción de participación, que el lector pueda recoger fácilmente.

-Enlaces- tanto tu sitio web como las páginas de las redes sociales deben estar interconectadas, esto acrecentara la interacción de sus posibles lectores, no subas imágenes o comentarios de páginas ajenas a tu obra, ya que el lector terminara visitando lugares que no venden tu libro.

B-Tráfico

El tráfico hacia tu sitio web y las páginas de las redes sociales asociadas, puede venir de tres fuentes...

-Tráfico orgánico o SEO

Los lectores pueden descubrir tu sitio en la búsqueda de contenido similar a la tuya en Google, Bing o Yahoo, por esto es muy importante comprender la optimización de motores de búsqueda o SEO, esto incluye:

-Diseño - Optimización que permita legibilidad en el móvil y tabletas igual de claro, como lo hace en una computadora de escritorio.

-Rebote - Los algoritmos de los motores de búsqueda, analizan si tus lectores abandonan las visitas en la primera página de tu sitio web y toman esto como una señal que el contenido no es relevante.

-Tiempo - La duración de la sesión o tiempo que los usuarios pasan en tu sitio, sugiere que el contenido es o no relevante.

-Vínculos - Cuanto más dominios (propios o ajenos) enlacen a una de las páginas de su sitio, demostrara a los robots que tu página es importante. Cuando alguien menciona algo de su página mostrando el link, por ejemplo, "como dice Juan Pérez en página..."

C- Redes sociales

El segundo centro de atracción son las redes sociales, que también actuarán como centro de contenidos

Las redes sociales son muy buenas si se utilizan correctamente, Twitter, Google Plus, Facebook, LinkedIn, etc. pueden ayudar a llegar a sus posibles lectores.

Es muy importante crear gran "contenido" que se relacione con tu libro y que la gente desee compartir con sus amigos, logrando que un post tenga miles o millones de vistas no es fácil, pero tampoco es imposible, si logras crear un debate sobre el tema propuesto...

D-Publicidad paga

Existen muchas formas de publicidad paga, Facebook, Google Plus y otras redes sociales orientan a los usuarios por sus intereses, siendo una forma efectiva para reunir pistas y dirigir el tráfico hacia tu libro o sitio web.

XII- ¿Cómo funciona el Ranking de Ventas?

A veces te preguntas:

¿Por qué subió mi Ranking de venta, cuando no vendí nada?

¿Por qué desciende mi Ranking de venta, si vendí más libros?

¿Por qué esta igual mi Ranking de venta, si he vendido diez veces más libros?

Una vez que comprendas las peculiaridades del Ranking de venta, obtendrás las respuestas a tus preguntas... tendrá mucho más sentido y podrás utilizarlo para obtener ventajas.

El algoritmo de Amazon que maneja el Ranking de venta se basa en tres puntos...

1. Cada venta o descarga de un producto, cuenta como un punto, hacia un hipotético "puntuación de rango".

2. Cada nuevo día, la puntuación del día anterior, se reduce a la mitad y se añade a los puntos de ese nuevo día.

3. Para cada categoría en Amazon, los libros se clasifican en base a sus calificaciones de la nueva medición, actuales, no de mediciones anteriores.

Ejemplo:

Lunes, tu libro vende 32 ejemplares y obtiene 32 puntos para su clasificación.

Martes, tu libro vende 16 ejemplares, pero esos 16 puntos se añaden a la mitad del total del lunes (32/2 = 16 puntos), o sea, 16 + 16 un total de 32 puntos.

Miércoles, tu libro vende 8 unidades, entonces tenemos 8 puntos que se añaden a la mitad del total del martes (32/2 = 16 puntos), o sea, 16 + 8 total 24 puntos.

Como vemos del lunes al martes tus ventas cayeron u n 50% pero para el algoritmo de Amazon se mantuvieron igual en 32 puntos y tu ranking sigue idéntico, del martes al miércoles tu ventas volvieron a caer un 50%, pero para el algoritmo de Amazon solo fue el 25%...

Pero... siempre hay un pero... el Ranking de ventas de tu libro se relaciona con diversos rangos de ventas de otros libros... este proceso subyacente contribuye al comportamiento "extraño" del algoritmo, que compara los rangos de todos los libros de tu categoría o sub-categoría con tu rango. Tomando el ejemplo anterior, existe la posibilidad que los otros libros cayeran más del 25%, entonces tu libro seguiría primero, a pesar de haber ciado un 50% las ventas.

Tu libro no es único ni existe en el vacío, a medida que las ventas de otros libros crecen empujan a tu libro hacia abajo, aunque aumenten sus ventas o como vimos puede ser al revés... pero hay una característica que rompe el cálculo lineal, creando más confusión... entre un libro nuevo y uno antiguo, a igual puntaje se posicionara mejor el nuevo... igual que ante un libro caro y uno barato, se posicionara mejor el más caro aunque el puntaje sea el mismo... esto es lógico, porque los algoritmos de Amazon priorizaran aquellos libros que contribuyan con mas dinero al negocio.

Por otra parte, debido a la fórmula de ventas por fecha reciente, el efecto de un pico de ventas se desvanece rápidamente, porque el algoritmo favorece ventas constantes contra aumentos espectaculares, como explicamos anteriormente, a largo plazo el crecimiento constante y orgánico supera a repentinos estallidos de actividad... pensemos que la publicación exitosa es un maratón, no una carrera de velocidad, los autores deben controlar la ansiedad y buscar el éxito a largo plazo.

Los comentarios positivos o negativos y las valoraciones no afectan Ranking de venta, es decir, si alguien califica tu libro con una estrella y escribe algo negativo, el rango de ventas no se alterara en forma directa, por supuesto que será afectado indirectamente, porque tus ventas reales caerán y eso repercutirá en forma general, recuerda que el Ranking de venta se rige únicamente por las ventas y descargas, más algunos ajustes por otros algoritmos de Amazon, nada afectara este puntaje que no sea el rendimiento de ventas de tu libro.

KDP Select / Kindle Ilimitado

Otro punto que no confiere ninguna ventaja directa al Ranking de venta es la inscripción en KDP Select / Kindle Ilimitado, los títulos en KDP Select no reciben mejor colocación sólo para inscribirse en el programa, sin embargo, las descargas de libros a través de Kindle y Kindle Ilimitado en línea, en la Biblioteca de Préstamo, se consideran como ventas y se acreditan inmediatamente. Esto es interesante, porque una descarga, se reconoce inmediatamente como una venta para el algoritmo del Ranking de venta, independientemente de qué porcentaje del libro lea quien lo descargo.

Una curiosidad para tomar en cuenta es que, el Ranking de venta juega un papel menor en la determinación del orden de los resultados de búsqueda de Amazon, como vimos anteriormente, existen factores tales como: relevancia, palabras clave e historial de ventas, que pueden influir en los algoritmos de Amazon, por lo tanto, un libro con rango de altas ventas, puede aparecer más abajo en los resultados de búsqueda que los libros de menor rango.

Pre-pedidos

El impulso temprano de pre-pedidos tiene el potencial de propulsar un título en el Ranking de ventas de Amazon más rápido y por un período de tiempo más largo, que un bombardeo de puesta en marcha de un día, por sí solo. Un punto importante, es que cuando anuncias tu libro por anticipado, creando una lista de pedidos, el algoritmo lo contabilizara en el momento del pago y no en la fecha de publicación y envío del libro. Esto explica cómo algunos libros que aún no han sido publicados, pueden tener un rango de ventas de alto, una fuente común de confusión.

Puntos Principales

Ahora que comprendes cómo funciona el algoritmo del Ranking de ventas, puedes aprovechar su uso para lograr que tu libro escale posiciones, por eso recuerda estos puntos principales...

-El Ranking de venta es relativo y los cambios pueden ocurrir al fluctuar las ventas de otros libros.

-Un Ranking de venta más alto, no significa mayores ventas.

-Un bombardeo de lanzamiento alcanza brevemente un alto Ranking de ventas, pero un crecimiento constante, orgánico y sostenerlo es mucho más efectivo, por eso debes programar tus actividades de promoción en el orden de menor a mayor alcance, para captar lectores en forma escalonada.

-Los pedidos anticipados aumentan y echan a andar el Ranking de venta de su libro

-Kindle Ilimitadas mejora tu Ranking de venta, independiente de las páginas que lea el cliente.

-Programa tus promociones gratuitas o con descuento para incentivar a tus lectores a dejar "review", recuerda que estas promociones no agregan nada al Ranking de ventas de tu libro, pero los "review" atraerán a los algoritmos de Amazon, como "la sangre a los tiburones".

-El Ranking de venta cambia todos los días, así que nunca es demasiado tarde para crear un plan de ventas.

Ranking por formato .

En la línea indicada como "Amazon Best-Sellers Rank" encontraras la posición del título en el ranking general de Amazon… este dato varía de acuerdo al país elegido, porque no es lo mismo el ranking de USA, de México, de Japón o de España… esto dependerá de la cantidad de títulos en stock y del idioma elegido.

Luego de "Amazon Best-Sellers Rank" comienza la división entre los formatos existentes, es decir libros digitales, libros impresos y audiolibros, o sea, **"Kindle eBooks"**, **"Amazon Books"** y **"Audiobooks on Amazon"**, también incluye una sección de "Hojas Sueltas", **"Loose Leaves"**, para vender tesis, artículos periodísticos, etc. y próximamente ingresará la categoría de videolibros, que suponemos se llamara **"Videobooks on Amazon"** o algo así.

En el caso del libro digital o **Kindle eBooks** el formato es general o uniforme, se lo denomina formato líquido, ya que el contenido debe adaptarse al continente, es decir que el texto debe adaptarse al medio reproductor, que puede ser un ordenador, computador, Tablet o teléfono... por ahora... sabemos que Amazon está ensayando la posibilidad de leer libros en relojes y lentes.

En el caso del libro impreso los formatos son simples, el libro de bolsillo o "tapa blanda" y el libro de lujo o "tapa dura", respetando el formato y contenido que el autor o editor elija.

Para el Audiolibro la diferencia es la forma de entrega, edición audible vía red o CD de audio, enviado por correo. Para transformar un libro en Audiolibro existen una serie de normas o protocolos que incluimos al final de este libro, como Bonus Track.

XIII – ¿Cómo recomienda libros Amazon?

En las secciones de promociones o recomendaciones, podrás encontrar aquellos libros que más clics obtienen y son los más vistos por los lectores. Cuantos más lectores hagan click en tu libro en la web de Amazon, más posibilidades tendrás que el algoritmo de Amazon coloque tu libro en estas secciones para promocionarlo. No son muchos los autores que conocen acerca de estas secciones y sobre cómo los libros son valorados para aparecer en ellas, estas son:

-Recomendados "calientes o recientes"

-Recomendación por "reseña o venta"

-Recomendación por "lectura"

-Recomendación por "oferta"

-Recomendación por "Kindle Unlimited"

Si eres de aquellos que intenta manipular este sistema usando malas prácticas cómo es la de comprar críticas positivas, te estas arriesgando a perder tu cuenta o que Amazon te prohíba para siempre volver a publicar. Puede sonar tentador para muchos contratar algún servicio de este tipo, pero no te lo recomiendo, porque con el mismo dinero conseguirás un sistema estable y duradero. La forma es bastante sencilla y es enviar el enlace de tu libro a tu lista de suscriptores. Si quieres y puedes invertir dinero en marketing, una forma legal de hacerlo y no muy costosa, es utilizar el servicio "Pago Por Click de Amazon", pero antes de eso, debes conocer cómo funciona el sistema en general, para poder sacarle provecho en particular.

Recomendados "calientes o recientes"

En esta sección aparecen tanto libros en formato digital como en papel, para que un libro aparezca tiene que haber sido publicado en los últimos 30 días, por ejemplo en el momento que estoy escribiendo este capítulo, (mayo-2017) en la lista de Amazon.com de los últimos 30 días, ingresaron 92.149... sí, como dijimos, ingresan más de un millón de nuevos títulos anules. Entre los primeros hay uno con 2.024 review, otro con 1.930, bajando hasta el puesto 30 con 435 review...

Te estarás preguntando... ¿De dónde saco dos mil review?

Para eso existen los filtros...

Aplicamos el filtro de "Libros en español publicados en los últimos 30 días"...

 Y como por arte de magia todo cambia...

En la lista de Amazon.com en español, de los últimos 30 días, ingresaron 4.439... Sí, menos del 5%, o sea, unos cincuenta mil por año... y entre los primeros hay uno con 23 review, otro con 18, otro con 12 y la mayoría no tiene review...

Esto quiere decir que, con solo 24 review, integras los libros publicados en los últimos 30 días, recomendados por Amazon...

Recuerda que las sucursales de Amazon que más libros en español venden son... Amazon.com, Amazon.mx y Amazon.es, por eso es muy importante que te esfuerces por figurar entre los primeros puestos en estos lugares.

Pero hay más... existen las categorías y sub-categorías, donde puedes colocar tu libro en primer lugar fácilmente...

Es muy importante que comprendas que este posicionamiento no significa mayores ventas, por sí mismo, solo es mayor exposición, que puede derivar en mayores ventas...

Recomendación por "reseña o venta"

El algoritmo de Amazon va a mostrar libros dependiendo de aquellos que el lector hubiera leído... si el algoritmo detecta que un lector compro varios libros de la categoría "Negocios y Marketing" le recomendara libros que se encuentren en esa categoría, incluyendo el tuyo, si está allí. Pero para eso debes tener buenos review y bastantes ventas...

Muchos buenos libros terminan en "tierra de nadie" debido a que sus autores no han realizado una buena campaña de lanzamiento y sus libros son incapaces de vender más de 100 copias. Esto los vuelve "invisibles" para el algoritmo de Amazon y por lo tanto no son ayudados a conseguir nuevos clientes.

El secreto de generar ingresos pasivos en Amazon consiste en generar la mayor cantidad de ventas posibles, una vez que tu libro tiene un elevado nuevo de review, Amazon va a continuar promocionando tu libro a otros compradores de su plataforma, creando una nueva fuente de ingresos y tráfico durante algunos años.

Recomendación por "lectura"

"Los compradores de este libro también han comprado...." es otra forma de recomendación mostrada cuando compras un libro en Amazon.

Esta recomendación es muy importante, porque va dirigida a lectores confirmados, es decir, personas que compran libros, muchos de los libros exitosos son el resultado de recomendación de los primeros lectores a otras personas.

En este caso Amazon está ayudando a tu libro, pues se lo recomienda directamente a otros lectores, no solo en su web sino también en cada dispositivo cada vez que alguien compra un libro.

Figurar en esta lista es como si Stephen King escribiera el prólogo de tu libro, no mejorara el contenido de tu libro, pero ha subido por el ascensor cuando los otros libros suben por la escalera.

Recomendación por "oferta"

A muchos escritores no les gusta que Amazon efectué descuentos sobre sus obra, sin avisarles ni pedir permiso, pero sabemos que Amazon se queda con una parte sustancial del precio venta, por eso con "su parte" hace lo que quiere, incluso regalarla. Eso no disminuye el monto de regalías que pagara al autor o editorial, pero incrementara las ventas, ya que tu libro será mostrado en la página principal de Amazon en una sección llamada "Deals in Books"

Recomendación por "Kindle Unlimited"

En el programa KDP, Kindle Unlimited, a cambio de que tu libro sea vendido de forma exclusiva en Amazon, te ofrece una serie de ventajas:

-Cada 90 días podrás poner tu libro gratis durante 5 días cada periodo u ofrecer un descuento escalado, para promocionar tu libro.

-Te pagaran extra si algún lector toma tu libro prestado, para leerlo y devolverlo, es otra modalidad por la cual recibes tus regalías, el pago dependerá del fondo común que se forme cada mes, incluso puede ser superior al monto estipulado por venta.

Esto es así, porque el año 2015 Amazon cambio el sistema, que antes pagaba unos 2- u$s cada vez que se prestaba un libro, al sistema actual, KENP "Kindle Edition Normalized Pages" que, al estilo Netflix, las personas abonadas pueden leer todos los libros que deseen, con solo pagar su cuota mensual, por esa razón, ahora paga por página leída, a 0,008 de dólar la página, de esta forma crece la posibilidad que más personas lean tu libro, aunque sea algunas páginas, recibiendo parte de tus regalías, pero incrementando la promoción gratuita.

XIV- ¿Cuál formato de tu libro venderá más?

Los diversos formatos de los libros tienen en internet actores y detractores, algunos proclaman que los libros impresos nunca morirán y desprecian los ebook, otros gritan la muerte de los libros impresos, idolatrando a los libros digitales y audiolibros.

Otras personas simplemente se fascinan por las facilidades de internet, desde poder ver y leer libros incunables... por ejemplo la biblioteca Cervantes de España, ha digitalizado muchas obras invalorables... hasta encontrar sitios dedicados a escritores, nobeles y noveles, donde pueden leer sus obras por precios muy accesibles.

Como vemos internet ha jugado un rol importante en el desarrollo literario, marcando la literatura en el siglo XXI, que se ha beneficiado mucho, principalmente considerando a internet, como una herramienta de difusión e investigación.

El envase de la literatura

En el pasado no había libros y se dice que en el futuro tampoco los habrá, la tecnología ha revolucionado el campo de la enseñanza de una manera poco imaginable hace algunos años, debemos comprender que un libro no es una obra literaria, un libro es un envase que contiene una obra literaria, el contenido es lo que interesa de verdad, en ese sentido el cine, la televisión e internet son envases para que la literatura no se pierda. Hamlet o El Quijote continuarán siendo bellas obras literarias en un libro impreso, en un libro digital, en un audio libro, en un escenario teatral, en una pantalla de cine o TV.

La discusión sobre si la literatura depende de los libros impresos, es como discutir si un cuadro pintado al óleo, es mejor que uno de tempera o si una estatua de piedra, es superior a una de bronce, lo que importa no es el formato o el material, el arte está en lo que transmiten, independientemente del envase que las contenga.

Seguramente los libros impresos, en algún momento, pasaran a ser piezas de museo, pero no nos quedaremos sin literatura, tal vez la revolución literaria nos ayude a redefinir la palabra literatura, adaptándola al tecnológico siglo XXI.

Por esto debemos pensar cuando escribimos un libro, como podemos llegar al gran público y allí, dependeremos de la variación de envases o formatos que podamos darle a nuestra obra literaria.

Amazon y los formatos

Como explicamos Amazon domina hoy el mercado de las obras literarias, impresas y digitales, por esa razón, es fácil suponer que esto se mantendrá en el futuro, pero las preguntas son...

¿Cuál será el futuro envase de la literatura?

¿Qué formato tendrán los libros en los próximos años?

En realidad, cuando todavía estamos discutiendo la continuidad del libro impreso, vemos como el libro digital comienza a ser acorralado por el audio libro... una tendencia que indica que el libro digital podría estar listo para comenzar su retirada, esto es porque el nuevo formato es de audio.

Por supuesto que Amazon también domina el espacio de libros de audio, que construye alrededor del modelo de negocio conocido, pero buscando un nuevo modelo de negocio, mas adaptado a la nueva tecnología y los hábitos de consumo que evoluciona continuamente.

¿Cuál es el precio venta de un audio libro?

Todavía es un poco más elevado que el libro digital, no mucho, ni por mucho tiempo... por ejemplo, si el libro impreso oscila en los $19,90, el audio libro en los $15,90 y el digital en los $9,90...

¿Falta mucho para que el precio del audiolibro iguale o esté por debajo del libro digital?

Considerando el creciente interés por los podcasts, vemos que el gran público prefiere escuchar que leer, siendo este un nuevo mercado incipiente, por supuesto que la lectura no va a desaparecer, pero el consumo global de audio libros aumentara rápidamente en los próximos años.

¿Podrá la computadora leer libros?

Ya lo hace, bastante bien en inglés y aun no muy bien en español, pero la tecnología está abriendo nuevas puertas en este punto, recuerdo la monótona voz de audio generada por computadora de la década de los 90, hoy eso ha cambiado, tenemos a Siri en el teléfono con voz agradable, también hay sistemas de texto-a-voz que han mejorado sustancialmente en los últimos años y mejoraran aún más con el tiempo.

Una vez que esto ocurra, no tengo dudas que el audio libro será el Rey en la literatura... todos podremos escuchar obras de Kafka, Dostoievski, García Marquez o Vargas Llosa, en nuestros teléfonos mientras caminamos o conducimos o hacemos otras cosas.

¿Te preocupa que los consumidores compren una copia de audio y la compartan con todos sus amigos?

Sí, eso ocurrirá, como ocurre ahora con la música y los videos.

La oportunidad aquí es enorme...

Por ahora te recomiendo grabar tú mismo tu audio libro, con técnicas simples no muy sofisticadas, muchas veces la voz del autor da la entonación y el sentir necesaria a cada párrafo, que ni un profesional o la computadora logran imitar.

A continuación incluimos un Bonus Track para transformar tu libro en Audiolibro

XV- Los Diez Mandamientos del Audio Book
(Requisitos para grabar y vender un Audio Book)

Existen diez requisitos mínimos, para crear un Audio Book de excelente calidad y vender un en la red, el objetivo es, maximizando su potencial de ventas al ofrecer la mejor experiencia al oyente.

Al grabar debe imaginar al oyente, pensando que escuchara tu Audio Book mientras maneja el automóvil, camina por el parque, viaja en tren o toma sus veinte minutos de almuerzo, es decir que tu Audio Book deberá competir contra el entorno del oyente, si la grabación no es profesional y no responde a los mínimos requisitos expuestos, no lograra la concentración necesaria del oyente para comprender la obra, resultando en críticas negativas y bajas ventas.

Estos son los Diez Mandamientos (mínimos) que necesitan tu Audio Libro para ser vendido en la red.

1- Capítulo

2- Cabecera

3- Tiempo

4- Muestra

5- Espacio

6- Sonido

7- Pronunciación

8- Ruidos

9- Volumen

10- Velocidad

1-Capitulo

Cada archivo debe contener sólo un capítulo o sección, cargado individualmente. Tanto los créditos de apertura y créditos de cierre deben ser archivos separados. Esto asegura que los oyentes puedan navegar fácilmente entre las secciones y saltar hacia delante o atrás una sección. Si combina varias secciones en un solo archivo crea una experiencia de navegación confusa, si el audiolibro no está en un formato "chapterized"

2- Cabecera

Cada archivo debe contener la cabecera de su sección incluida en el texto (por ejemplo, "Prólogo", "Capítulo 1", "Capítulo 2"). Esto ayuda al oyente a comprender cuál es la sección del libro que está escuchando.

3-Tiempo

Cada archivo o sección no debe durar más de 60 minutos, esto ayuda el descanso de la narración, incluso recomendamos secciones de 15 minutos, que son mucho más beneficiosas para el oyente. Si los capítulos son muy extensos se recomienda en el encabezado decir "Capítulo 2 - Primera de tres partes". Esto ayudará a navegar fácilmente de una sección a otra.

4- Muestra

El Audio Book debe acompañarse por una muestra de audio de venta, que oscila entre uno y tres minutos de duración. Esta muestra se graba por separado y debe comenzar directamente, sin créditos ni música de apertura. La necesidad de una muestra de audio de venta, es porque Amazon permite una vista previa de su Audio Book y es muy importante aprovechar esto para vender la obra. En la muestra debe incluir más preguntas que relatos, para crear dudas en el oyente que solo se resolverán comprando el Audio Book. Nota: iTunes de Apple, utiliza automáticamente los primeros cinco minutos del Audio Book como muestra gratis.

5-Espacio

Cada archivo debe tener entre 0,5 y 1 segundo del tono de aire en el encabezado y entre 1 y 5 segundos de tono de aire en el cierre. Este espacio permite a los oyentes recibir la señal que han llegado al principio o al final de una sección.

6-Sonido

El formato del sonido debe ser todo mono o todo estéreo y el archivo estéreo no deben ser joint-estéreo. Recomendamos el archivo mono ya que es más suave y permite la coherencia de audio.

7-Pronunciación

Los niveles de audio, tono, ruido, espaciado y pronunciación, deben ser consistentes con el sonido global, esto ayuda al oyente. Los cambios drásticos pueden ser discordantes y no están de acuerdo con una producción profesional.

8-Ruidos

El audio debe estar libre de sonidos extraños, como pops de micrófono, clics de ratón, los ruidos excesivos de la respiración o de la boca y las falsas tomas. Los sonidos extraños pueden distraer a los oyentes y son poco profesionales, pueden obtener malas críticas que afectaran las ventas

9-Volumen

El rango de volumen específico debe ser entre -23dB y -18dB RMS, no demasiado alto ni demasiado suave. Al mantener todos los archivos dentro de este rango los oyentes no tendrán que ajustar constantemente el volumen de su dispositivo de reproducción. El rango de los valores pico deben salir de los -3 dB y los -60 dB RMS. Esto reducirá la posibilidad de distorsión, que reduce seriamente la calidad de la experiencia auditiva. Recordemos que los sonidos "ruidosos" dificultan a los oyentes concentrase en el material.

10-Velocidad

Cada archivo debe tener 192kbps MP3 o superior, con velocidad de bits constante a 44.1 kHz (CBR). Esto garantiza a los oyentes de MP3 un excelente audio. Puede subirlo en 256kbps o 320kbps pero la diferencia de calidad para los oyentes será significativa.

Deseo que esto le ayude a crear Audio Book de calidad.

¡Buen Suerte!

AMAZON

y sus

Algoritmos

*Los secretos para aumentar
la visibilidad de TÚ Libro*

Cesar Leo Marcus

Windmills Editions
California - USA

www.ingramcontent.com/pod-product-compliance
Lightning Source LLC
Chambersburg PA
CBHW022114170526
45157CB00004B/1637